AUTORIZAÇÃO DE SERVIÇO PÚBLICO

Sergio Ferraz
e
Amauri Feres Saad

AUTORIZAÇÃO DE SERVIÇO PÚBLICO

AUTORIZAÇÃO DE SERVIÇO PÚBLICO
© Sergio Ferraz e
Amauri Feres Saad

Direitos reservados desta edição por
MALHEIROS EDITORES LTDA.
Rua Paes de Araújo, 29, conjunto 171
CEP 04531-940 – São Paulo – SP
Tel.: (11) 3078-7205 – Fax: (11) 3168-5495
URL: www.malheiroseditores.com.br
e-mail: malheiroseditores@terra.com.br

Composição: PC Editorial Ltda.
Capa:
Criação: Vânia Amato
Arte: PC Editorial Ltda.

Impresso no Brasil
Printed in Brazil
06.2018

Dados Internacionais de Catalogação na Publicação (CIP)

F381a   Ferraz, Sergio.
      Autorização de serviço público / Sergio Ferraz e Amauri Feres Saad. – São Paulo : Malheiros, 2018.
      80 p. ; 21 cm.

      Inclui bibliografia.
      ISBN 978-85-392-0422-9

      1. Direito administrativo. 2. Serviço público. 3. Prestação de serviços. I. Saad, Amauri Feres. II. Título.

                                           CDU 342.9
                                           CDD 342

Índice para catálogo sistemático:
1. Direito administrativo   342.9
(Bibliotecária responsável: Sabrina Leal Araujo – CRB 10/1507)

*Who are you going to believe,
me or your own eyes?*
(Groucho Marx)

Sumário

Nota Introdutória 9

CAPÍTULO 1 – DO CONCEITO DE SERVIÇO PÚBLICO NA CONSTITUIÇÃO FEDERAL E AS MODALIDADES DE SUA PRESTAÇÃO: CONCESSÃO, PERMISSÃO E AUTORIZAÇÃO

1.1 *Introdução. Advertências* 11
1.2 *Breve histórico do direito administrativo brasileiro na Colônia e no Império* 13
1.3 *Breve histórico do direito administrativo na República* 14
    1.3.1 A reconstitucionalização em 1988 18
1.4 *A coparticipação cidadã; a corrupção, a atitude do jurista* 20
1.5 *Serviço público; a construção da definição e do conceito; o que é e o que não é* 22
    1.5.1 Nossa proposta conceitual 23
1.6 *Modalidades de execução do serviço público; desconstruindo tabus e afirmando essencialidades* 29
1.7 *Conclusões* 33

CAPÍTULO 2 – AUTORIZAÇÃO DE SERVIÇOS PÚBLICOS DE TRANSPORTE COLETIVO DE PASSAGEIROS DE TITULARIDADE DOS ESTADOS

2.1 *À guisa de introdução: a "quaestio" do presente capítulo* 35
2.2 *As objeções* 38
2.3 *"Sed contra"*
    2.3.1 Da autorização como instituto jurídico-administrativo geral 40
    2.3.2 Da autorização de serviços públicos na Constituição Federal 49

2.3.3 Consequências jurídicas da autonomia dos entes federativos e o exercício da titularidade dos serviços de transporte coletivo 52
2.3.4 O regime jurídico dos serviços públicos autorizados 66
2.3.5 O dever de licitar e as autorizações 71
2.4 "Respondeo" 74

Bibliografia 75

Nota Introdutória

Um considerável plexo de inquietações impeliu os autores à elaboração da presente obra. Nos parágrafos subsequentes elas serão enunciadas. Cada uma delas justifica a dedicação que pautou nosso esforço. E tomara que correspondam elas, igualmente, a preocupações dos estudiosos do direito administrativo.

Está envelhecido o direito administrativo da autoridade pública e do Poder. Essa escola, que se afirmou a partir da década de 60 do século passado (sobretudo na PUC/SP), nasceu da idealização de uma assepsia estéril do ultrapositivismo (muito além do que Kelsen propunha), cevou-se na vertente teórica da maximização do Estado e dos poderes da Administração Pública, contaminou-se das falácias falidas das ideologias esquerdizantes e glorificou-se triunfalmente (a seu ver, é claro), na consagração de um Estado burocrático, pesado e multipresente.

O novo é o Estado da eficiência, o Estado submisso ao indivíduo, o Estado que age segundo formas livremente escolhidas pelo viés exclusivo da prestação da melhor Administração.

Concessão, permissão, autorização, são apenas algumas das modalidades de prestação de serviços públicos com o concurso do particular. Em todas elas o que interessa é o resultado ágil, ótimo e conveniente ao administrado. Em todas elas a prestação dos serviços defere ao prestador segurança jurídica e econômico-financeira e garante ao usuário plena satisfação a seus anseios e necessidades.

Liberdade de formas: essa a fórmula que baliza a escolha do modelo de delegação. Nesse panorama, a autorização não é mais um "patinho feio". Ao contrário: no correr do tempo transformou-se em belo "cisne", com a agilidade e a plasticidade que os administrados exigem – daí a imperatividade de seu reestudo, a lume dos novos paradigmas do novo direito administrativo brasileiro.

Capítulo 1

Do Conceito de Serviço Público na Constituição Federal e as Modalidades de sua Prestação: Concessão, Permissão e Autorização

1.1 Introdução. Advertências. 1.2 Breve histórico do direito administrativo brasileiro na Colônia e no Império: 1.3 Breve histórico do direito administrativo na República – 1.3.1 A reconstitucionalização em 1988. 1.4 A coparticipação cidadã; a corrupção, a atitude do jurista. 1.5 Serviço público; a construção da definição e do conceito; o que é e o que não é: 1.5.1 Nossa proposta conceitual. 1.6 Modalidades de execução do serviço público; desconstruindo tabus e afirmando essencialidades. 1.7 Conclusões.

1.1 Introdução. Advertências

Pressuposto inafastável num ensaio sobre serviço público e suas modalidades de execução está em assentar, com nítida precisão conceitual, aquela ambiência dentro da qual os autores terão de se movimentar. Ou seja: para tratar de serviço público urge, ainda que com o propósito estrito de fundar um patamar semântico que o dissertante abrace, explicitar o que ele entende por *serviço público*. Como, porém, *serviço público* encerra um conceito extremamente suscetível de influências geográficas e temporais, haurindo suas balizas significantes do próprio conceito de direito administrativo prestigiado em determinados espaço e tempo, ao estágio conceitual primevo deverá, obviamente, o ensaísta retroceder, aí fixando o pilar mesmo de seus esforços conceituais e definitórios. Essa a justificação que lealmente apresentamos logo ao pórtico do presente capítulo. Com um dado a mais: não abraçamos Jèze ou Duguit, que veem o conceito de serviço público como o núcleo mesmo do direito administrativo, a ponto de por vezes tornarem sinônimos direito administrativo e serviço público; tampouco nos afinamos com os radicais de nossos tempos, que chegam a negar a relevância do conceito em tela ou até mesmo, cá e acolá, a sustentar a inexistência dessa categoria conceitual. No amplo abismo que se abre com tais extremos cabe uma verdadeira multidão de ingênuos, desavisados e também de obscuros pensadores. Deixemo-los de lado. Serviço público ainda é um tópico de grande relevância em nossa matéria. Mas está a exigir uma abordagem afinada à evolução dos estudos sobre a matéria e, tanto quanto possível, divorciada de pregações ideológicas e/ou politiqueiras. Com um adendo: como lançamos, em capítulo integrante de um recente livro coletivo sobre a corrupção e seu combate pelo homem do Direito, o núcleo hoje inegável do direito administrativo repousa no cultivo ao conceito de *eficiência*. Há que se olhar até com piedade a opinião dos primeiros e apressados glosadores (ou, melhor, autênticos "gozadores") que, atordoados com a inserção na Constituição do princípio da eficiência, se dedicaram a negar sua relevância e compostura jurídica e a pregar fosse ele ignorado até pelos juristas (à semelhança do que antes intentado relativamente ao princípio da moralidade). Negação cega e estulta (do mesmo quilate da negação à imperatividade, em nosso constitucionalismo, do princípio da subsidiariedade). A busca da eficiência é a busca da própria razão de ser do direito administrativo; e tão dramática é essa constatação, que na referida obra coletiva, supracitada, chegamos, mesmo, a afirmar que *eficiência* é o nome que hoje poderíamos dar ao próprio direito administrativo. Daí aplaudirmos a lúcida formulação divulgada, pouco após empossado na Presidência da República, pelo constitucionalista Michel Temer no sentido de que, após as etapas históricas do Estado Liberal e do Estado Social, vivemos hoje o Estado da Eficiência. Analogamente, diremos: ao direito administrativo da função administrativa, ao direito administrativo do ato administrativo, ao direito administrativo da coparticipação, segue--se, e hoje prepondera, o direito administrativo da eficiência (e, pois, o direito administrativo do controle).

Mais uma ponderação: este não é um texto com pretensões de erudição. Não se busque, por isso, no que se vai agora escrever, a resenha bibliográfica e jurisprudencial ilustrativa de estilo. Trata-se de um ensaio de maturidade (quando não de evolução intelectual, ao menos de décadas de vida). Jamais houve, de nossa parte, a preocupação de "fazer escola"; não por modéstia ou por vaidade (recôndita ou não). Mas pela opção por *dialogar* com o eventual e desprevenido leitor, muito mais forte do que a de expor professoralmente e formar um séquito. E esse é um dos seguros não arrependimentos que com alegria envolverão nosso tempo pessoal a ser ainda percorrido.

1.2 Breve histórico do direito administrativo brasileiro na Colônia e no Império

No Brasil o direito administrativo, seja nas normas que podem ser alocadas nesse campo, seja nas primeiras elaborações doutrinárias pertinentes ao tema, revela-se comprometido com a ideologia e a *praxis* do Poder em curso então (isto é, ao tempo do nascimento do direito administrativo brasileiro). Como fenômeno de estruturação e dinâmica do Poder, os diversos ramos do convencionalmente denominado direito público, com ênfase particular no direito administrativo, em sua natureza essencial de produto cultural, refletem a ideologia dominante; nos primórdios de nosso direito administrativo tal ideologia se revelava consistente na convicção da supremacia da autoridade na relação Poder/indivíduo e assim condicionava a pragmática da execução de seus comandos. Por isso mesmo, na ambiência do Brasil-Colônia e na arquitetura do sistema monárquico/imperial remarca-se o regime jurídico da Administração Pública da nota do senhorio, da contenção da esfera de ação individual, da preponderância ubíqua do agente público, do estranhamento absoluto à ideia de coparticipação. E é mesmo explicável esse panorama no plano lógico-histórico: até a vinda da Família Real, em 1808, o Brasil é apenas Colônia, celeiro e depósito de riquezas a serem enviadas à Metrópole. Sob D. João VI o Brasil acusa uma tímida elevação de *status*: de Colônia pura e simples passa a esconderijo do monarca, com a consequente redução do escoamento de suas riquezas (e, após a queda de Napoleão, com a retomada paulatina do ritmo anterior de drenagem de nossos recursos naturais). Tanto D. João VI como D. Pedro I foram personagens nascidos e modelados na cultura da Monarquia absolutista. E mesmo D. Pedro II, ao qual, com alguma razão, se poderia aplicar o rótulo de soberano esclarecido, mantinha um feixe de poderes extraordinário em mãos, eis que, segundo a Constituição de 1824, influenciava no Legislativo, dava a última palavra no Judiciário e ainda arbitrava as inter-relações dos Poderes com a utilização do Poder Moderador. Com tais balizas a seu dispor, a atividade normativa estava inelutavelmente fadada a, tal qual espelho, reproduzir a concepção, praticamente aceita com tranquilidade, de supremacia do Estado. Mas não só: os primeiros autores de nosso direito administrativo (por exemplo, o Visconde de Uruguai), além de portarem títulos nobiliárquicos conferidos pelo monarca, integravam a máquina estatal, como agentes públicos, ministros, conselheiros etc. Soa, assim, estranho que alguns autores, quando historiam o surgimento e o desenvolvimento de nosso direito administrativo, invoquem, quase sempre trazendo à colação o Direito

Inglês e o Francês, a matriz da contenção do Poder (ou do autoritarismo) como fonte geradora desse segmento do Direito (aliás, nem mesmo para o direito administrativo francês essa explicação se revela veraz. O que a Revolução de 1789 produziu foi, apenas, a troca de mãos de quem acionava o açoite ou a lâmina, passando-a da Realeza para as múltiplas e cambiantes instâncias revolucionárias segundo o ritmo frenético da guilhotina ditava; bom que se diga: mesmo após a ultrapassagem do período frenético a preponderância irrestrita do Poder continuou, somente invertendo-se as polaridades com o advento da República).

Não hesitamos em afirmar: mesmo após a Constituição de 1891 a legislação e a doutrina administrativistas brasileiras prosseguiram na consagração do princípio da supremacia do Poder, dedicando-se particularmente ao balizamento/contenção da liberdade individual em face do Estado e da Administração Pública. Daí que:

– as leis administrativas têm, na época, como escopo básico a formação e a descrição das instâncias do Poder e suas competências, bem como a delimitação assaz restritiva da atuação individual em face do Estado;

– a doutrina administrativista tem então por foco a anatomia da Administração e a fisiologia de sua atuação. O administrado é personagem secundário, a inserir sua esfera de ação nas apertadas malhas da dinâmica estatal. Sintomático que o núcleo de nossa teoria jurídica, então, identifique-se no estudo do ato administrativo, ignorando-se quase o exame do necessariamente compartilhado processo administrativo.

1.3 Breve histórico do direito administrativo na República

O advento da República, nas suas primeiras décadas de existência, não alterou substancialmente o quadro antes esboçado. A influência do federalismo norte-americano, em Ruy e na Constituição de 1891, inegável por um lado, por outro, não afetou o ranço do Estado unitário anteriormente vigorante. A própria dimensão territorial do País, aliada às dificuldades de transporte e comunicações da época, veio a dar substrato de verdade à consabida máxima da existência de vários Brasis. O mesmo se diga da implantação da República: muito de monárquico persistiu presente no cotidiano do País. As oligarquias dos donos do Poder (na clássica e aguda visão de Raymundo Faoro), a tutela militar, a prepotência dos mandatários fardados, os currais eleitorais, o sufrágio viciado e restrito – tudo isso tornou possível ver, numa dimensão histórica, que Presidentes como Deodoro, Floriano e Hermes da Fonseca eram verdadeiros continuadores dos titulares da precedente Monarquia. E mesmo os corretos Presidentes civis que então tivemos – Prudente, Campos Sales, Rodrigues Alves, Washington Luiz – somente conseguiram vingar, a despeito de alguns sobressaltos e da contínua tutela do Exército, porque algumas circunstâncias da época se revelaram propícias ao País (os reflexos econômicos positivos, para a economia do País, das crises pré e pós-guerra de 1914-1918; a dramática conturbação russa, pré e pós-revolução comunista; o desmantelamento das instituições alemãs; o crescimento de grandes economias, às quais estávamos vinculados, é dizer, a da Inglaterra e a dos Estados Unidos, enormemente alavancadas pela guerra; a expansão da agricultura paulista; etc.). Sintomático que, a partir do momento em que os ventos da bonança começam a amainar para nós, o quadro político instabiliza-se, e o Brasil velho começa sua sombria caminhada para o "Estado Novo".

O direito administrativo brasileiro dessas décadas (da República ao Estado Novo, inclusive), por óbvio, não poderia deixar de refletir, tal como ocorrera no Império, uma clara propensão pela incontestada legitimação do Poder e pela "ordem unida" ao indivíduo. Claro que houve nomes, todavia sempre exceções, com visão distinta. Com isso, o caldo cultural, nacional e internacional, não inspirava liberalmente o direito público em nosso País. Pelo contrário: o totalitarismo e o fascismo, à direita e à esquerda, pareciam ter chegado para ficar. Na Itália, na Alemanha e na Rússia (bem como no México), com diferentes matizes, essa era a lição. E, de onde poderia ter vindo a luz, nada se acendeu: os Estados Unidos se encolhiam num isolacionismo que só terminaria com a surpresa de *Pearl Harbour*; o Império Britânico ocupava-se com sua sobrevivência, para tanto tolerando todas as prepotências fora de seu imenso território central (é dizer, a Inglaterra apenas); a França iniciava um pertinaz processo de decadência que a levaria às trevas do colaboracionismo, delas só saindo com a aparição messiânica, pós-II Guerra, de De Gaulle.

E no Brasil?

Em 1930, com toda a aparência de se tratar de uma transição para padrões realmente democráticos, Getúlio Vargas comanda um golpe de estado. O anúncio mistificador de novos tempos decai para o engodo, com a superveniência da Constituição de 1934: o espírito caudilhesco, abrigado pela tutela dos generais, logo mostrou sua cara. Estava armada a cena para a primeira ditadura republicana, que por 15 anos imporia seu jugo. A par dessa penosa realidade, desenvolveu-se, contudo, paradoxalmente, um surto de racionalização e desenvolvimento estrutural. O País conhece sua primeira alavancagem industrial e empresarial consistente (mas com o capital apoiando o ditador), surge um estatuto tuitivo do trabalhador – a Consolidação das Leis do Trabalho-CLT (mas a força de trabalho é domada num sindicalismo a serviço do Estado) –, a máquina administrativa incorpora conhecimentos recentes de gestão pública (mas em benefício precípuo do Estado-gestor, raramente em prol do cidadão-administrado).

Nessa quadra vicejam alguns nomes de nosso jurismo publicístico que até hoje projetam suas luzes sobre nós (uns mais dedicados à explicação/legitimação/reforço do Poder; outros primando pela busca do equilíbrio; alguns já prenunciando uma nova etapa que ainda tardaria um pouco, mas viria). Só para citar exemplos, com nossa gratidão por tudo que nos ensinaram: Themístocles Cavalcanti, Ruy Cirne Lima, Oswaldo Aranha Bandeira de Mello, Carlos Medeiros Silva, Carlos Maximiliano, Victor Nunes Leal, Pontes de Miranda, Francisco Campos, Meirelles Teixeira, Caio Tácito, Hely Lopes Meirelles.

A luta mundial em alinhamento com a democracia, contra as arquiteturas totalitárias do Eixo, tornou a ditadura estado-novista um anacronismo insustentável. Com isso conquistamos, em 1946, com uma Constituição modelar para a época, um tempo diferente. A ditadura cai, o Estado de Direito se afirma.

Tanto o texto constitucional como a doutrina publicística daí originada enfatizaram sua clara motivação. Tratava-se da procura da realização plena dos ideais da Constituição norte-americana, mas com uma leitura bem mais arejada do que a de Ruy Barbosa. Buscava-se assim estruturar uma Administração Pública dedicada a realizar os anseios de modernidade e os reclamos do interesse público, equilibrando na balança pratos equipotentes: o Estado e a Sociedade, com instituições (particularmente o Judiciário) encarregadas de velar pela simetria em tela. Nessa conjuntura, nosso direito público orquestrou uma sinfonia em que o Estado continuou a gozar de alguns apanágios que ainda lhe assegurariam uma estatura protagônica: discricionariedade, presunção de legalidade, sindicabilidade jurisdicional limitada ao exame da legalidade formal, relação estatutária com seus agentes, *in dubio pro* Administração, supremacia do interesse público (como interpretado e revelado pelo Estado-Administração). Na contraface, à Sociedade se reconhecia o direito de petição (mas sem instrumentos de coerção, praticamente) e o acesso ao Judiciário (mas com limites à investigação jurisdicional, já que resguardada a província da discricionariedade). A liberdade é, contudo, um elixir poderoso que, uma vez provado, não mais pode ser posto de lado e, bem ao contrário, reclama sempre parcelas mais amplas e mais profundas de fruição. O que, por outro lado, desperta o medo e a reação dos cultores da autoridade. Se a consciência democrática estiver madura, no polo do Estado e no polo da Sociedade, os embates se resolvem dentro do sistema. Mas 1946 era ainda uma débil experimentação democrática. Foi ótimo, enquanto durou. Nossos publicistas, aqueles mesmos surgidos na década de 1930 e muitos outros novos que desabrocharam a partir dos 1950, tentavam fundar uma nova concepção do regime jurídico do Poder. No entanto, o amadurecimento pansocial da consciência democrática não se perfizera dentro do País. O estamento político, qual biruta aeroportuária balançando para todos os lados, vergava-se nos mais disparatados sentidos. Nossa casta militar, acossada e apavorada com a bipolaridade ideológica da Guerra Fria (instaurada em fins da década de 1940, porém maximizada nos últimos anos da década de 1950), entreviu nas contradições da crise de amadurecimento do País um risco (que não existia de fato, na oportunidade), uma vulnerabilidade à implantação do comunismo, e reagiu como sabe: com a força. Só que, agora, com a força desmedida: em 1964, após um breve interregno democrático institucional de apenas 18 anos, mergulhamos na mais negra etapa de ditadura que nossa história conheceu, ditadura sem quartel e sem limite, totalitária mesmo (já que o dogma da separação, interdependência e controle dos Poderes só existia no papel, e no papel mesmo era desmentido pelos atos institucionais). E dela levaríamos mais de 20 anos para emergir.

O dado mais marcante a enodoar a longa noite autocrática, iniciada em 1964, foi o total desrespeito à pessoa, em seus atributos singulares, em sua personalidade essencial. Então, o indivíduo era perseguido por suas ideias (ou pela suspeita governamental a esse respeito), desde que a casta dominante não as aceitasse. Aprisionado nas malhas da intolerância, perdia o indivíduo sua condição de unidade existencial *per se*, possuidor e proprietário de prerrogativas e atributos invioláveis, porque culpado (ou como tal visto) de professar ideias ou de agir em contraste a ideias ou ações "permitidas" pelo regime. Fosse ele, em tal situação ou transe, um só ou integrante de um grupo, perdia a garantia de sua viabilidade, de sua integridade física ou moral, ou, mesmo, da titularidade de seus bens e até de sua vida – tudo isso patrimônio único, indelével, indeclinável, inapropriável por outrem. O Poder via na pessoa que não só agisse, mas que pensasse, segundo ditames não ditados por ele um inimigo a imobilizar, a invalidar, a eliminar. Mas saímos desse pesadelo. Como isso se deu? Ainda uma vez, segundo cremos, pela conjugação da problemática interna com os reflexos da ambiência internacional (como já se dera quando da adoção da República e, mais ostensivamente, em 1930, 1946 e 1964). No plano interno o desgaste dos governos militares: desprovidos que eram de reais mensagens de renovação do País, apenas ecoando o comando de extinção ou anulação dos contrários, revelaram sua oca arquitetura, inclusive com destaque inequívoco à sua ineficiência e sua incapacidade de dar respostas construtivas. No plano externo, a partir da assunção do Poder, na União Soviética, por um estadista da cepa de Gorbachov (sabemos que existem outras grafias), prenunciou-se o paulatino e incoercível desmantelamento do sistema comunista, assumindo, então, significado intenso a queda do muro de Berlim (1989) e a dissolução da própria União Soviética (1991 e 1992); esses seminais eventos foram os pináculos do desarme da bipolaridade militar e ideológica mundial, tal como um turbilhão acelerado na década de 1990, tornando obsoleta para o Ocidente desenvolvido ou em desenvolvimento qualquer justificativa teórica que se quisesse formular de reforma estatal baseada, como sempre antes ocorrera, na prevalência de qualquer mítico coletivo sobre a obviamente inafastável primazia real da pessoa.

1.3.1 A reconstitucionalização em 1988

Foi nesse panorama de substancial transformação que se instalou, no fim da década de 1980, a Assembleia Nacional Constituinte do Brasil. Os que participaram, a qualquer título, de seus trabalhos podem testemunhar a ideia-força que esteve na base do Texto Maior de 1988, altamente louvável, não obstante suas evidentes impropriedades técnicas: o indivíduo livre. Individualidade e liberdade, esses os faróis que guiaram a feitura do documento. Faróis que as trevas de 1964 tinham apagado, causando sofrimentos insuportáveis, que agora competia ao constituinte, com as ferramentas do Direito, remover de vez. Daí a imagem de remoção do "entulho autoritário", expressão desde então utilizada reiteradamente, como desafio à virada de uma página histórica que teria de ser vencida e desmantelada, para que se construísse, afinal, um real Estado Democrático de Direito. Como as marcas eram profundas, as cicatrizes muito visíveis, os sofrimentos ainda não esquecidos, os juristas na/da Constituinte de 1988 tiveram sempre em mente esses dois vetores: o novo documento-pacto seria uma carta de alforria e um código de direitos fundamentais.

A retomada da normalidade institucional, como toda etapa de mudança, traz o bom e o ruim. O bom: a construção da solidez das instituições públicas e privadas, a consolidação de uma arquitetura de funcionamento regular dos Poderes, a ambiência de liberdade individual, o desenvolvimento dos pilares da economia brasileira. O ruim: o aparecimento dos aproveitadores e aventureiros (corruptos e corruptores), sua infiltração no Executivo e no Legislativo (bem mais rarefeita no Judiciário), a cultura da troca de favores e do pagamento por vantagens indevidas, a ascensão aos Poderes de políticos e partidos políticos ávidos pelo enriquecimento rápido e fácil; com tudo isso, a ressureição da atávica predisposição à trapaça, à propina, à troca dos espelhinhos por preciosidades, introduzidas no País pelos primeiros brancos que aqui aportaram, agora substituídas por fantásticas propinas e apropriações do Erário.

E, no entanto, a Constituição de 1988 oferece terapias preventivas ou curativas para todas essas moléstias.

Por vez primeira na história do constitucionalismo pátrio, uma Lei Magna concretizou (em letra de fôrma) e ditou uma pauta axiológica. E, conquanto ela esteja disseminada por todo seu excessivamente longo texto, concisamente ela se consolida no art. 5º (e seus §§), no art. 37 e no art. 92. Muito mais que *princípios* (ou *postulados*, para sermos mais exatos), na acepção exata deste vocábulo, o que temos nesses preceptivos é uma *agenda* de *valores públicos*. E como o direito administrativo mais não é que a concretização do direito constitucional, temos que nosso direito administrativo brasileiro já deixou para trás a nebulosa, polêmica e, mesmo, anacrônica matriz do "interesse público", para se atrelar-se, com vistas a concretizá-las, às metas dos *valores públicos*. Esse o direito administrativo de hoje, esse o direito administrativo do futuro. Tais valores públicos engendram *políticas públicas*; e sua concretização *eficiente* é a própria razão de ser da existência do Estado. Por isso, as políticas públicas *têm de ser* realizadas. O princípio da legalidade há de se cingir à delimitação das competências e à escolha das finalidades das atividades estatais. Seja no modelo gerencial, seja no modelo burocrático, a política pública é um compromisso indeclinável.

Seu atingimento perfaz o cumprimento do princípio da eficiência e instala o primado do princípio da segurança jurídica, com atenção irremovível ao princípio da moralidade. Daí que é obrigatório pautar-se a atuação administrativa, seja a própria (isto é, a desempenhada pela própria Administração), seja a delegada (aquela realizada mediante particulares ou pelas vias contratuais em suas diversas e atuais modalidades), pelo postulado da liberdade das formas. O controle da Administração Pública, nessa nova quadra, terá de se concentrar na verificação da competência dos agentes, na legitimidade das finalidades, na eficiência dos resultados, respeitando o postulado da liberdade das formas de realização. Tudo em prol da melhor Administração ou, ao menos, da boa Administração. É que, ao contrário do que supunha o notável e saudoso Seabra Fagundes, administrar *não* é só aplicar a lei de ofício: administrar é *criar*, com plasticidade nas formas de agir, a melhor solução, que conduza à plena efetivação dos valores públicos. A responsabilização dos agentes confina-se aos limites da moldura agora traçada. Ultrapassados os marcos competenciais e finalísticos, a mão sancionatória há de funcionar, com o peso que o caso concreto requeira. Mas sem os exageros que possam inviabilizar as balizas da ordem econômica prescritas pela Constituição, sem causar a paralisia das atividades empresariais, sem originar inseguranças jurídicas (que poderão provocar até a recusa generalizada à assunção de encargos estatais ou administrativos), sem tolher, por fim, a meta da coparticipação do administrado nos desempenhos estatais (meta tão encarecida pela Constituição-Cidadã).

1.4 A coparticipação cidadã; a corrupção, a atitude do jurista

Como sabemos, a valorização da coparticipação da cidadania nos cometimentos estatais é uma aspiração que há mais de 40 anos vem sendo preconizada. Claro, ela não é uma panaceia, ou tampouco uma solução para todas as tarefas do Estado, eis que algumas delas só a este competem. Mas na realização das metas de significação econômica a Constituição não só a deseja, como até abre a preferência à iniciativa privada. E é nesse universo de ideias que as figuras do *contrato administrativo* e da *terceirização na prestação dos serviços públicos* adquirem supina importância, pois se trata de modelo que une Administração e empresa privada ou o administrado (particular), com vistas à concretização de interesses que a comunidade dos administrados reclama.

Não se obscurece, é claro, que a coparticipação pode ser deformada pela cooptação viciosa ou pela corrupção, funcionando então, até mesmo, como instrumento de legitimação popular aos desvios e vícios administrativos. Mas para coibir tais teratologias há instrumentos jurídicos adequados, que coíbem ou previnem os males.

Todas essas verdades viram-se, nos últimos 10 anos, profundamente perturbadas pela avassaladora irrupção da epidemia da corrupção administrativa, cujas dimensões gigantescas começam agora a ser metrificadas assustadoramente por investigações aprofundadas, com relevante participação do Judiciário, do Ministério Público e da Polícia

Federal. A tal ponto esse panorama ominoso se projetou espantosamente, que conceituados institutos de pesquisa, por primeira vez em nossa história, constataram que a corrupção passou a ser a maior preocupação do povo brasileiro (34% da população ouvida, segundo o "Datafolha"), maior mesmo que a segurança pessoal, a saúde, a educação e o emprego. Concomitantemente, a Federação das Indústrias do Estado de São Paulo-FIESP estimou em 40 bilhões de Reais/ano o preço da corrupção, percentual que equivale a 45% dos recursos orçamentários dedicados à saúde e à educação.

Nesse cenário a revolta popular se acentua, o rigor punitivo se exacerba, a ponderação e a proporcionalidade se esvaem, o exercício da defesa dos envolvidos em apurações passa a ser visto como cumplicidade ou traição. E, dentro deste círculo, o jurista que opine sem amarras estatais passa a correr riscos individualmente: riscos de desestima social e reprovação midiática e popular; riscos de se ver arrastado nas investigações judiciais e policiais como partícipe ou beneficiário na/da suposta delinquência de particulares a quem sua opinião aproveite.

Nada disso pode atemorizar o operador do Direito! Aliás, a Lei Fundamental da Advocacia (Lei 8.906/1994) assim determina, em lapidar comando contido no § 2º de seu art. 31: nenhum receio de desagradar a magistrado ou a qualquer autoridade, nem de incorrer em impopularidade, deve deter o advogado no exercício da profissão. Bem a propósito, aliás, oportuno lembrar recente película exibida em diversas salas de cinema no País. Trata-se da adaptação do famoso livro *Uma Ponte Entre Espiões*, já de há muitos anos publicado (1964), em que o eminente advogado norte-americano James Donovan, assistente da Promotoria nos notórios julgamentos de Nuremberg pós-II Guerra Mundial, relata sua defesa (por designação judicial e da Associação dos Advogados do Brooklyn) de graduado espião soviético (Coronel Rudolf Abel), no final da década de 1950. Este era um momento no qual a opinião pública de seu País, em razão do seu desempenho como advogado de defesa (afinal bem-sucedido), o via como autêntico réprobo. Em riscos pessoais e familiares se viu Donovan tragado tão apenas por cumprir bem o seu papel (não nos esqueçamos do momento histórico em que inserido o citado julgamento: eram recentes os lançamentos do primeiro satélite artificial da Terra pelos soviéticos – o *Sputnik* –, o levantamento do muro de Berlim, a execução do casal Rosenberg, a fúria inquisitiva do Senador McCarthy, a construção de um poderoso arsenal bélico atômico soviético). Nossa posição, agora, não se reveste de tal dramaticidade. Mas o presente trabalho remará, por certo, na contracorrente da doutrina dominante. Tal como Leônidas nas Termópilas: combateremos à sombra das eventuais chuvas de setas.

1.5 Serviço público; a construção da definição e do conceito; o que é e o que não é

Finda essa introdução "ambiental", dediquemo-nos, agora, ao segundo pressuposto conceitual deste capítulo: o que é *serviço público*?

Parece-nos imprescindível, no atual estágio da doutrina e do direito positivo brasileiros, a um só tempo dizermos *o que é e o que não é serviço público*. Útil, a esse propósito, breve remissão doutrinária à opinião de nossos doutos. Para tanto, vamos nos embrenhar agora no exame de três livros de cursos de direito administrativo de corrente uso pelo País (é dizer, trabalhos que, quase todos, a cada ano, são objeto de novas edições destinadas aos estudantes e estudiosos do Direito). Como não temos qualquer vontade de polemizar com autores, mas temos todo o prazer de polemizar em torno de ideias, não iremos "fulanizar" os diferentes conceitos. O que iremos é destacar os elementos que os compõem, expor nossa opinião e fundamentar eventuais divergências ou concordâncias.

O primeiro dos autores consultados, após longas e procedentes considerações sobre a variação circunstancial do conceito de serviço público (no tempo, no espaço, no viés conceitual de cada doutrinador, no direito positivo etc.), acaba por propor, numa dimensão que qualifica como *estrita*, um conceito cujos elementos descritivos essenciais irão ser em sequência sublinhados por nós: serviço público é todo aquele exercido direta ou indiretamente pelo Estado, para realização de suas atividades, com exclusão das funções típicas ou formais legislativa e jurisdicional, *para satisfação de necessidades essenciais ou secundárias da coletividade* ou *simples conveniência do Estado, sob normas e controles estatais*, sob regime de direito público *derrogatório do direito comum*.

Um segundo autor, apenas em parte coincidente com o primeiro acima referido, agrega alguns elementos conceituais: o serviço público é uma *atividade pública administrativa de satisfação concreta de interesses individuais ou transindividuais, materiais ou imateriais, insuscetíveis de satisfação adequada mediante os mecanismos da livre iniciativa privada, vinculados diretamente a um direito fundamental*, atividade, essa, *destinada a pessoas indeterminadas, qualificada legislativamente* e *executada sob regime de direito público*.

O terceiro autor afina-se em linhas gerais com os dois precedentes, dando, todavia, ênfase especial ao balizamento de serem os serviços públicos prestados sob *regime de direito público, consagrador de prerrogativas de supremacia e de restrições especiais.*

Como deflui dos pontos grifados nos conceitos correntes, acima trazidos à colação, há dados comuns em que pacífica a tarefa dos juristas cujas obras foram percorridas, a saber:

(a) O serviço público é direta ou indiretamente prestado pelo Estado.

(b) Consiste ele na realização de prestações materiais (e imateriais também, para parte dos pensadores consultados) essenciais ou úteis, individual ou transindividualmente.

(c) A realização da atividade de serviço público está ordenada por um regime de direito público, derrogatório, efetiva ou potencialmente, do direito comum.

(d) A atividade de prestação de serviços públicos não compreende as atuações pertinentes às funções legislativa e jurisdicional, em sentido estrito.

Note-se, ainda, que alguns elementos conceituais, antes transcritos, não gozam de adesão doutrinária unânime. Mas ao ponto voltaremos adiante. E desde já antecipamos que divergente é nossa visão, a ser no devido tempo formulada.

1.5.1 Nossa proposta conceitual

É evidente que no campo dos conceitos e das definições navegamos sempre em águas revoltas. Mas não seria sempre necessário que assim ocorresse, bastando, para tanto, o uso do instrumental da lógica. A partir desse equipamento teremos em mente que a operação intelectual de *definir* consiste na revelação dos elementos que declaram a *essência* (substancial e significativa) capaz de *identificar* (isto é, *singularizar*, distinguir de qualquer outro) o objeto, material ou imaterial, de nossa reflexão; identificada a essência do objeto, é possível propor seu *conceito*, ou seja, a noção abstrata ou ideia geral do objeto.

Antes de verter as considerações acima expendidas, para o trato que estamos a desenvolver sobre o conceito de serviço público, parece conveniente fazer algumas reflexões, inclusive de ordem histórica, com a finalidade precípua de dizer *o que não é serviço público*.

Sabe-se que em tempos idos insistia a doutrina na distinção entre serviços públicos e serviços de utilidade pública. Aqueles eram os prestados diretamente pelo Estado, em vista de sua *essencialidade* para a coletividade e para o próprio Estado. Os da segunda categoria seriam os que corresponderiam à *conveniência* da coletividade, que sem eles poderia, entretanto, sobreviver. Tal distinção encontra-se presentemente desprestigiada, até porque (mas não só por isso) o que hoje é conveniente amanhã pode ser imprescindível (variação conceitual no tempo); o que em certos lugares é imprescindível – tratamento de água e esgoto – pode ser um luxo ou uma impossibilidade de fato em determinados espaços (variação conceitual no espaço).

Doutra banda, divisar o protagonismo do Estado como o ponto diacrítico conceitual, levando-se tal ideia às máximas dimensões cogitáveis, terminaria por sinonimizar *serviços públicos* e *direito administrativo*, quando não, mesmo, *serviços públicos* e *direito constitucional*.

Para evitar ciladas lógicas do jaez das antes exemplificadas, imprescindível se faz buscar na Lei Fundamental as luzes ou faróis que guiarão nossas conclusões. Com isso, pretendemos enfatizar, também neste campo, a indispensabilidade de ter o pesquisador em consideração o direito positivo, sobremodo a Constituição do País. Com o quê, aliás, mais uma vez se afirma o caráter essencialmente variável do conceito que estamos a perseguir.

A Constituição brasileira não explicita o que é serviço público. Mas em diversas passagens a ele se refere (exemplos: arts. 21, X, XII, XV[1] etc.; 25 § 2º;[2] 30, V;[3] 196;[4] etc.). Há, todavia, um preceito específico que

---

1. CF: "Art. 21. Compete à União: (...); X – manter o serviço postal e o correio aéreo nacional; (...); XII – explorar, diretamente ou mediante autorização, concessão ou permissão: a) os serviços de radiodifusão sonora, e de sons e imagens; b) os serviços e instalações de energia elétrica e o aproveitamento energético dos cursos de água, em articulação com os Estados onde se situam os potenciais hidroenergéticos; c) a navegação aérea, aeroespacial e a infraestrutura aeroportuária; d) os serviços de transporte ferroviário e aquaviário entre portos brasileiros e fronteiras nacionais, ou que transponham os limites de Estado ou Território; e) os serviços de transporte rodoviário interestadual e internacional de passageiros; f) os portos marítimos, fluviais e lacustres; (...); XV – organizar e manter os serviços oficiais de estatística, geografia, geologia e cartografia de âmbito nacional; (...)".

2. CF:
"Art. 25. Os Estados organizam-se e regem-se pelas Constituições e leis que adotarem, observados os princípios desta Constituição. (...).

"§ 2º. Cabe aos Estados explorar diretamente, ou mediante concessão, os serviços locais de gás canalizado, na forma da lei, vedada a edição de medida provisória para a sua regulamentação."

ao Poder Público confere a *incumbência* de prestar os serviços públicos, direta ou indiretamente. Trata-se do *caput* do art. 175, assim redigido:

> Art. 175. Incumbe ao Poder Público, na forma da lei, diretamente ou sob regime de concessão ou permissão, sempre através de licitação, a prestação de serviços públicos.

Do preceito em questão extrai-se uma primeira conclusão conceitual: os serviços públicos no Brasil são de *titularidade* do Poder Público, podendo, entretanto, sua execução ser *delegada* a particulares. Advirta-se: aqui não adentraremos o exame amplo do vocábulo "delegação", porque isso seria exorbitante aos propósitos deste trabalho. Iremos limitar nossos esforços à *delegação* com vistas à prestação dos serviços públicos. E, nesse desiderato, desde já destacaremos que a Constituição enuncia, no particular, *quatro* modalidades de execução, a saber: execução *direta* pelo Estado; execução indireta, ou delegada, mediante concessão (art. 175); execução indireta ou delegada, mediante permissão (art. 175); execução indireta ou delegada, mediante autorização (por exemplo, art. 21, XI). Seria ainda possível referir a execução indireta sem delegação, nos casos em que o serviço é prestado *de fato* por particular (terceiro sem vínculo, de qualquer natureza, com o Estado) em benefício do interesse público; mas a excepcionalidade de tal dado permite que o deixemos de lado neste trabalho. Da mesma sorte será posta à parte a execução direta pelo Estado, por não se tratar de alvo material do presente livro; tão apenas lembraremos, a propósito, o marco normativo vedatório de tal execução direta, consagrado no *caput* do art. 173[5] constitucional, que é também o pilar fundamental (ao lado do art. 170) da existência, em nosso sistema jurídico, do princípio da subsidiariedade.

Continuando no esforço de identificar na correntia lição doutrinária o que, em nosso sentir, *não é constituinte da noção de serviço público*, impõe-se desse conceito extrair as atividades prestacionais da simples

---

3. CF: "Art. 30. Compete aos Municípios: (...); V – organizar e prestar, diretamente ou sob regime de concessão ou permissão, os serviços públicos de interesse local, incluído o de transporte coletivo, que tem caráter essencial; (...)".

4. CF: "Art. 196. A saúde é direito de todos e dever do Estado, garantido mediante políticas sociais e econômicas que visem à redução do risco de doença e de outros agravos e ao acesso universal e igualitário às ações e serviços para sua promoção, proteção e recuperação".

5. CF: "Art. 173. Ressalvados os casos previstos nesta Constituição, a exploração direta de atividade econômica pelo Estado só será permitida quando necessária aos imperativos da segurança nacional ou a relevante interesse coletivo, conforme definidos em lei".

conveniência do Estado. Como tais a doutrina usualmente aponta os atos burocráticos internos ou preparatórios concernentes aos serviços prestados ao público. Soa-nos evidente que tais atos dizem respeito exclusivamente à organização interna do Estado, não se revestindo, *a priori*, de qualquer proveito para os particulares, até porque podem ser mesmo desastrados e impeditivos da efetiva prestação do serviço público.

Sem sentido ainda, acreditamos, pensar que só se possa falar em serviço público quando a atividade estatal tenha em mente ações vinculadas diretamente a um direito fundamental. Para a configuração de um serviço público basta que se promova, com ele, não unicamente a satisfação dos direitos fundamentais (como tais entendidos aqueles constitucionalmente qualificados como imprescindíveis para a plena consecução da dignidade humana), mas o preenchimento de qualquer conveniência ou utilidade para a coletividade – mesmo quando em jogo um simples anseio, cuja concretização, ou não, não degrada nem santifica a exigência da dignidade. Em suma: a aceitação do dado aqui contemplado como necessariamente conectado a direitos vocacionados à plena consagração da dignidade humana, na verdade, mais não é, por um outro viés, que frustrada tentativa de ressuscitar a já referida, e de muito ultrapassada, distinção entre serviços públicos e serviços de utilidade pública.

Ainda despidos de razão nos parecem os doutos que, em seu labor conceitual, inserem em suas fórmulas o requisito de serem as atividades estatais alocadas nesse escaninho conceitual insuscetíveis de satisfação adequada mediante os mecanismos da livre iniciativa privada. Aliás, a tanto contrariar basta lembrar que, verdade houvesse na assertiva, a brecha à delegação contida no art. 173 da CF seria um despautério.

Mas, seguramente, o que mais nos incomoda nas definições e conceitos correntes de serviços públicos é a cláusula que os diz necessariamente sujeitos a um regime jurídico de direito público, derrogatório do direito comum. E nosso desconforto justifica-se plenamente pelo palmar equívoco de lógica que se comete com tal fórmula. É que não se define nem se conceitua um objeto pela forma de sua utilização ou realização! Façamos como um recente ex-Presidente da República bem como um brilhante Ministro do STF tanto apreciam: estabeleçamos analogias com um esporte de afeição nacional. Se dissermos que o futebol brasileiro é um esporte em que, anteposto certo número de jogadores a outro número igual, se tenta impulsionar, sem uso das mãos, uma bola esférica para dentro de uma baliza padronizada, saindo vencedor aquele que em um maior número de vezes obtiver o resultado almejado, teremos por inteiramente definido e conceituado o esporte. Mas se a isso acrescentarmos uma cláusula afirmando, por exemplo, "observadas as regras da Federação (...)", o apenso em tela será um corpo estranho à definição e à conceituação. Tanto assim que, fosse ele integrante da definição, nas muitas vezes em que, na juventude, jogamos partidas em que vencedor seria o que primeiro atingisse a marca de seis gols, por exemplo, não estaríamos praticando futebol! Mas até mesmo no futebol oficial assim se dá: até há cerca de cinco anos a entidade internacional do futebol (FIFA) determinava que o goleiro não poderia dar mais de um passo em sua área sem jogar a bola ao chão e retomá-la (no jargão futebolístico, "quicar" a bola). Mas a partir de então baixou a FIFA nova regra, determinativa de que o goleiro pode caminhar por sua área com a bola nas mãos, sem "quicá-la", desde que a reponha em jogo em até 15 segundos. Pois bem: se a *regra* oficial que aceitou não "quicar" a bola integrasse o conceito de futebol, o que antes dela se jogava, inclusive em campeonatos mundiais, não seria futebol!

Igualmente se dá em termos de serviço público. O *essencial* é que:

I – A necessidade ou utilidade pública seja efetivamente concretizada, de forma cabal e eficiente.

II – A prestação realizada preencha o requisito da melhor administração, seja ela executada direta ou indiretamente, seja ela material ou imaterial.

O que é essencial é isso: em face de a titularidade do serviço público ser sempre do Estado, e em razão de este se obrigar sempre ao dever da melhor administração, o regime jurídico peculiar ao serviço público exaure-se na impossibilidade de transferência da titularidade e pois, da iniciativa de sua prestação pela iniciativa privada, somente cabível sua presença em razão de delegação do Poder Público.

Nem se diga que fórmula desse jaez, como a acima propugnada, subordinaria interesses públicos a interesses particulares. A delegação funcional da prestação do serviço público, mediante as formas constitucionalmente previstas, já constitui dado por si só suficiente para assegurar a prevalência do bem coletivo.

Em acabamento, vai nossa proposta conceitual:

– *Serviço público* é toda e qualquer atividade de relevância social, constitucionalmente titularizada pelo Estado e legalmente tida como serviço público, por ele executada diretamente ou mediante delegação, em concretização de interesses, necessidades ou utilidades da coletividade.

Por óbvio, tal formulação não tem pretensões de universalidade ou atemporalidade. Ela é inspirada no e decorrente do direito positivo brasileiro vigente, não cabendo qualquer extrapolação ambiciosa. Todavia, em definitivo, com validade total no tempo e no espaço: *o regime jurídico da prestação do serviço público* não pode logicamente integrar o *conceito* mesmo de serviço público. Mas assim entende, por diversas razões, de mera tradição ou de viciosa inspiração ideológica, ponderável parcela de nossa doutrina.

É invencível, aqui, a tentação de recorrer ao magistério de Ernst Fraenkel, em seu excelente *The Dual State: Law and Justice in National Socialism*.[6] Como com clareza elucida o eminente professor germânico, havia na Alemanha hitlerista uma dualidade no Estado: além do "Estado Normativo", isto é, aquele conformado pelo direito constitucional vigente, existia em paralelo um "Estado Prerrogativo". Este era vivido pelo Governo nazista, que não vacilava em colocar entre parênteses a normatividade quando esta se punha em choque com a ideologia nazista. A nosso ver, nada mais esclarecedor e paradigmático que a célebre alocução de 1936 do Ministro da Justiça e Presidente da Liga de Advogados Nazistas, transcrita pelo extraordinário historiador inglês Richard Evans em sua monumental trilogia sobre o Estado nazista:[7]

> O juiz não se situa acima do cidadão como representante da autoridade do Estado, mas é membro da comunidade viva do povo alemão. Seu dever não é ajudar na aplicação de uma lei superior à comunidade nacional ou impor um sistema universal de valores. Seu papel é salvaguardar a ordem concreta da comunidade racial, eliminar elementos perigosos, processar todos os atos nocivos à comunidade e arbitrar em desentendimentos entre membros da comunidade. A ideologia nacional-socialista, em especial conforme expressa na programação do Partido e nos discursos de nosso líder, é a base para a interpretação das fontes legais.

Transpondo a lição para a doutrina brasileira dominante: pouco importa para ela que a Constituição do Brasil não tenha exigido um regime de direito público para a conceituação de serviço público. O que lhe interessa é a visão ideológica maximalista do Estado, sustentada pela visão de tais doutrinadores. Mas não caiamos nesse monocórdio e monótono canto da sereia: o regime de direito público na prestação delegada de serviços públicos é mero acidente factual, não componente do conceito

---

6. Ernst Fraenkel, *The Dual State: Law and Justice in National Socialism*, Nova York, Oxford University Press, 1941.

7. Richard J. Evans, *O Terceiro Reich: no Poder*, trad. de Lúcia Brito, São Paulo, Editora Planeta do Brasil, 2011, p. 147 [*3ª ed., vol. 1, Ed. Crítica*].

de serviço público, mas apenas descritivo de uma das modalidades de *regulação* de sua execução. *E tão só!*

Dessa síntese desde já resulta que não vemos como justificar a surpresa de alguns quanto à prestação de serviços públicos sob regime de direito privado. Em cada particular delegação eventual o Estado-titular (é dizer, União, Estado-membro, Município, Distrito Federal), ao optar pelo instrumento de delegação que entender cabível (concessão, permissão, autorização), *regulará* a forma compatível de prestação, sempre cuidando no sentido de que o interesse geral a ser alcançado prevaleça seja sobre o interesse direto do Estado delegante, seja sobre o interesse particular do executor da delegação.

1.6 Modalidades de execução do serviço público; desconstruindo tabus e afirmando essencialidades

Cumpre, por derradeiro, efetivar breves considerações sobre as modalidades de delegação constitucionalmente previstas. Serão breves em razão dos propósitos mais restritos da presente obra. Em nosso *Tratado de Direito Administrativo Brasileiro* o tema será, então, adequadamente, estudado extensa e profundamente.

Segundo já antes se afirmou, três são as principais modalidades aqui traçadas pela Constituição: concessão, permissão e autorização.

De plano, uma advertência: o fato de no art. 175 da CF não se mencionar a autorização não implica a impossibilidade de usar a figura em tela para delegar a prestação de serviço público. Se isso fosse verdade – o que não é –, chegaríamos ao impensável absurdo de não considerar públicos os serviços de correios, telecomunicações, radiodifusão, transporte e tantas outras prestações essenciais à coletividade para as quais expressamente os arts. 21 e 30 (para mera exemplificação) da CF preconizam a modalidade da autorização. A par disso, insta considerar que a titularidade de tais serviços, constitucionalmente distribuída aos entes federados (União, Estados, Municípios, Distrito Federal), importa a atribuição a eles do poder de escolher, para as pertinentes delegações, o modelo que considerarem mais adequado para a plena consecução dos interesses coletivos visados.

A conceituação das três figuras de delegação, mais acima destacadas, tem variado no tempo e no espaço.

Classicamente a concessão tem sido vista como modalidade de delegação *contratual* para a execução de serviço público, escolhida em razão da complexidade do plexo de deveres assumidos pelo delegatário, de regra implicando um vulto considerável nos ônus e investimentos com que deva ele arcar. Daí a segurança maior do instrumento do contrato, o que é inegável, não obstante o influxo, típico dos acordos administrativos de concessão, do mecanismo das cláusulas regulamentares e do predominante caráter de pacto de adesão próprio à espécie. A mesma especial relevância, nesse conjunto de escudos em favor do usuário, deve-se outorgar à garantia constitucional do equilíbrio econômico-financeiro do contrato.

Não cabe aqui uma aprofundada dissertação sobre a categoria classificatória e a conceituação de contrato administrativo. Retenha-se, porém, que ele é uma das formas a viabilizar a coparticipação Administração/administrado, justificando sua existência (traduzindo o liame causa-finalidade) no propósito de produção de aspirações humanas e de satisfação de necessidades que atendam a valores públicos normativamente consagrados. Não iremos externar preocupações com opiniões (conquanto respeitáveis), como a de Alessi,[8] que negam relevância à *causa* no direito administrativo. Por brevidade, sem digressões ou lateralidades conceituais, abraçamos a visão de Coviello[9] e de Ruggiero,[10] vendo na causa no direito administrativo, tal como no direito privado, seja a razão econômico-jurídica do contrato, seja o fim econômico-social albergado pelo sistema jurídico. Só para encerrar o ponto, sem maiores discussões: útil, para nossos propósitos presentes, alinharmos nosso pensamento a Vedel[11] e aceitar a noção de que a fusão de situações de fato e de direito, postas pela lei para legitimamente ter lugar a ação do administrador, é a *causa eficiente* da celebração de um contrato administrativo. É essa angulação conceitual que está presente na definição do contrato administrativo, decantável particularmente dos arts. 6º,[12] 54[13] e

---

8. Renato Alessi, "Sul concetto di 'causa' nel negozio giuridico", *Temi Emiliana* 11 e 12 (rivista mensale di giurisprudenza dell'Emilia e della Romagna), Milão, 1933.

9. Nicola Coviello, *Manuale di Diritto* Civile, 4ª ed., Milão, Società Editrice Libraria, 1929, pp. 410 e ss.

10. Roberto de Ruggiero, *Instituições de Direito Civil*, Lisboa, Clássica Editora, 1935, I, § 29.

11. Georges Vedel, *Essai sur la Notion de Cause en Droit Administratif Français*, Paris, Librairie du Recueil Sirey, 1934, pp. 245 e ss.

12. Lei 8.666/1993: "Art. 6º. Para os fins desta Lei, considera-se: (...)".

13. Lei 8.666/1993:

"Art. 54. Os contratos administrativos de que trata esta Lei regulam-se pelas suas cláusulas e pelos preceitos de direito público, aplicando-se-lhes, supletivamente, os princípios da teoria geral dos contratos e as disposições de direito privado.

55[14] da Lei 8.666/1993. Anote-se que, não obstante o referido diploma tenha acusado, no curso do tempo, inúmeras modificações, atam-se elas sobretudo à taxinomia das hipóteses de contratação sem licitação, não modificando a pauta definitória do próprio contrato administrativo (ressalvamos a existência de formulações conceituais diferentes no regime jurídico descrito na legislação referente ao "Regime Diferenciado das Contratações Públicas" e aos contratos das empresas estatais – matérias, entretanto, alheias ao âmbito deste livro).

De seu turno, também a *permissão* tem experimentado sensíveis mutações em sua conceituação. Originariamente encarada como ato administrativo, unilateral mas com fim negocial, pelo qual delegada precariamente a execução de certos serviços públicos – por isso mesmo reservada a empreendimentos que não exigissem do permissionário investimentos e riscos excessivos –, viu-se tal noção superada pelos fatos da prática administrativa. A opção administrativa pela discricionariedade e pela precariedade, contrastada com a dimensão dos ônus reservados ao permissionário – pense-se, por exemplo, nos serviços de transporte –, fez com que, na variação temporal, se falasse em *permissão condicionada*: como tal se entendia ainda, da parte do delegante, um ato administrativo, mas com a Administração limitando a amplitude de sua discricionariedade, além de estipular prazos de vigência e fórmulas de compensação pela ruptura antecipada da situação jurídica. Daí se partiu para a *contratualização* da permissão, prenunciada clarividentemente por Caio Tácito e até albergada constitucionalmente (v., por exemplo, o inciso I do parágrafo único do art. 175[15]). A distinção entre o contrato de concessão e o de permissão reside, mais claramente, na maior densidade deste último no que respeita à característica e à amplitude da *adesividade* bem como à maior força impositiva das cláusulas regulamentares. Em contrapartida,

"§ 1º. Os contratos devem estabelecer com clareza e precisão as condições para sua execução, expressas em cláusulas que definam os direitos, obrigações e responsabilidades das partes, em conformidade com os termos da licitação e da proposta a que se vinculam.

"§ 2º. Os contratos decorrentes de dispensa ou de inexigibilidade de licitação devem atender aos termos do ato que os autorizou e da respectiva proposta."

14. Lei 8.666/1993: "Art. 55. São cláusulas necessárias em todo contrato as que estabeleçam: (...)".

15. CF:

"Art. 175. Incumbe ao Poder Púbico, na forma da lei, diretamente ou sob regime de concessão ou permissão, sempre através de licitação, a prestação de serviços públicos.

"Parágrafo único. A lei disporá sobre: I – o regime das empresas concessionárias e permissionárias de serviços públicos, o caráter especial de seu contrato e de sua prorrogação, bem como as condições de caducidade, fiscalização e rescisão da concessão ou permissão; (...)."

o equilíbrio econômico-financeiro do contrato (CF, art. 37, XXI[16]) passa a se aplicar também às permissões. Doutra parte, o âmbito do controle centra-se na permissão sobretudo na constatação da eficiência dos resultados alcançados, enquanto na concessão a pauta estipulativa formal também atrai fortemente a atenção do controlador.

Ainda na perspectiva da doutrina clássica, a *autorização* seria a verdadeiramente precária e discricionária modalidade de delegação para a execução de serviço público, por isso *ab ovo* reservada para a satisfação de interesses públicos instáveis ou transitórios, que dispensassem a exigência de qualificação de especialização aos executores. Essa conceituação, evidentemente, não se compadece com a previsão constitucional do uso da autorização tal como, por exemplo, elencado no art. 21 da CF. Estamos a dizer que a nota da precariedade e instabilidade das autorizações se viu grandemente atenuada nos últimos tempos, de sorte que não constitui qualquer delírio, de nossa parte, anunciar que estamos a iniciar uma nova era conceitual, marcada, dentre outras tendências, pela *contratualização* das *autorizações* de serviços públicos. E mesmo antes de a tanto se chegar, como aqui se chega, insta ver que, por força de densos princípios constitucionais (para simples exemplos: boa-fé, responsabilidade patrimonial do Estado por danos causados, razoabilidade, adimplemento substancial etc.), não mais assiste à Administração a faculdade de abruptamente, sem *motivação expressa*, dar por finda uma autorização.

Tudo mais que extrapole os campos da segurança jurídica, da boa-fé, do adimplemento substancial e da eficiência não tem relevo para a conceituação de qualquer modalidade de execução de serviço público, de sua fiscalização e do *controle* da atividade do delegante e do delegatário, aí incluída a autorização. Mas aqui nos detemos, eis que a autorização é exatamente o próximo capítulo desta obra, e, aliás, seu objeto nuclear.

Cabe aqui referir, não por mero amor de polemizar ou de "fulanizar" discordâncias, mas para contestar no plano das ideias, nossa frustração com a recente edição de *Serviço Público e Concessão de Serviço Público*, de Celso Antônio Bandeira de Mello. Não é só porque nada de novo lá se colhe (o que pode ser tido até como *coerência*, embora coerência com o erro ou com o ultrapassado), mas porque, a pretexto de

---

16. CF: "Art. 37. (...); XXI – ressalvados os casos especificados na legislação, as obras, serviços, compras e alienações serão contratados mediante processo de licitação pública que assegure igualdade de condições a todos os concorrentes, com cláusulas que estabeleçam obrigações de pagamento, mantidas as condições efetivas da proposta, nos termos da lei, o qual somente permitirá as exigências de qualificação técnica e econômica indispensáveis à garantia do cumprimento das obrigações; (...)".

reafirmar sua postura positivista, o insigne autor candentemente critica o jurista que, enquanto tal, realiza o exame "de como deve ser o mandamento", em vez de focalizar "como [ele] efetivamente é".[17] Só que é exatamente nesse pecado que o mencionado autor incide amiudadamente, como, por exemplo, quando se lança a criticar não só a doutrina que dele diverge, como sobretudo quando aborda o tema das parcerias. Nesse ponto não só se refere agressivamente a seus colegas formuladores da Lei 11.079/2004 (o que, aliás, não se aplica a nós), como também, aparentemente ao menos, encara a Lei 8.987/1995 como verdadeira lei-quadro, à francesa (realidade que não temos no Brasil), das concessões, insuscetível de inovações e novos direcionamentos por leis posteriores, tal como se houvera uma hierarquia nas leis (em sentido estrito) brasileiras (o que nem mesmo se dá, entre nós, com as leis complementares em face das ordinárias). Nesse mesmo panorama adicionemos a consideração do ilustre autor positivista – correta, aliás, em tal ponto específico – de que há outras possibilidades de autorização de serviço público além do que previsto no art. 21 constitucional, mas sem referir – o que Kelsen reprovaria – o direito positivo que agasalharia tais possibilidades.

1.7 Conclusões

Dissertar hoje sobre *serviço público* impõe saber não só o que a fórmula significa mas também, com a mesma relevância, o que a ela não corresponde. E, para estabelecer tal distinção, a doutrina brasileira não se tem atenta ou cuidadosa. Mas não só desatenção ou descuido. Há também a praga ideológica, que só sabe conceituar os grandes pilares do direito administrativo pela óptica do Estado: ou seja, define-se o núcleo pelo acessório, fatal pecado lógico. Com essa miopia, ou cegueira mesmo, lê-se na Constituição o que nela não está. Somente assim se pode, talvez, entender o quão pouco se tem dedicado nossa bibliografia à figura da autorização. E também o quão pouco se tem valorizado o vetor axiológico da eficiência. Foi na busca da redescoberta e revalorização conceituais desses dois icônicos verdadeiros valores públicos que se equacionou este capítulo: um ícone instrumental (a autorização) e um ícone finalístico (a eficiência), valorizados ambos pelo postulado da liberdade das formas, redentora perspectiva pela qual deve ser revisto o estudo da atividade administrativa.

17. Celso Antônio Bandeira de Mello, *Serviço Público e Concessão de Serviço Público*, São Paulo, Malheiros Editores, 2017, p. 20, além de outras.

Capítulo 2
Autorização de Serviços Públicos de Transporte Coletivo de Passageiros de Titularidade dos Estados

> *2.1 À guisa de introdução: a "quaestio" do presente capítulo. 2.2 As objeções. 2.3 "Sed contra": 2.3.1 Da autorização como instituto jurídico-administrativo geral – 2.3.2 Da autorização de serviços públicos na Constituição Federal – 2.3.3 Consequências jurídicas da autonomia dos entes federativos e o exercício da titularidade dos serviços de transporte coletivo – 2.3.4 O regime jurídico dos serviços públicos autorizados – 2.3.5 O dever de licitar e as autorizações. 2.4 "Respondeo".*

2.1 À guisa de introdução: a "quaestio" do presente capítulo

A prática administrativa nos planos federal, estadual e municipal tem avançado no tocante ao serviço público de transporte coletivo de passageiros. Conquanto costumeiramente prestado sob as figuras da *concessão* e da *permissão*, tem-se recentemente adotado a modalidade de *autorização*.

Sob autorizativo específico da Constituição Federal (art. 21, XII, "e"[1]), a União, por meio da Lei federal 12.815, de 5.6.2013, que alterou a Lei federal 10.233, de 5.6.2001, passou a adotar a modalidade de autorização para parcela significativa dos serviços de transporte titularizados por aquele ente, incluindo-se aí o serviço regular de transporte rodoviário interestadual e internacional de passageiros.

Na esteira da legislação federal, outros entes federativos têm adotado a modalidade de autorização para a outorga dos serviços públicos de

---

1. CF: "Art. 21. Compete à União: (...); XII – explorar, diretamente ou mediante *autorização*, concessão ou permissão: (...); e) os serviços de transporte rodoviário interestadual e internacional de passageiros; (...)" (grifo nosso).

transporte coletivo sob as respectivas titularidades. É o caso, por exemplo, do Estado de Goiás, que adotou a autorização como modalidade de outorga dos serviços de transporte rodoviário intermunicipal de passageiros,[2] com características semelhantes às do modelo federal.

No mesmo sentido, o Estado de São Paulo conta com previsão legislativa expressa quanto à figura da autorização de serviços públicos em geral, e de transporte de passageiros em particular. Apesar de a Constituição Estadual e a Lei estadual 7.835/1992 serem omissas acerca da figura da *autorização* de serviço público – fazendo menção apenas à *concessão* e à *permissão* –, a Lei estadual 9.361/1996, que trata do Programa Estadual de Desestatização, ao estabelecer as modalidades por meio das quais é permitido ao Estado de São Paulo delegar (na dicção da lei: "desestatizar") os serviços públicos de sua titularidade, *expressamente consigna a figura da autorização de serviço público*. In verbis:

> Art. 1º. Fica criado o Programa Estadual de Desestatização – PED, com os seguintes objetivos: I – reordenar a atuação do Estado, *propiciando à iniciativa privada*: a) a execução de atividades econômicas exploradas pelo setor público; e b) *a prestação de serviços públicos* e a execução de obras de infraestrutura, possibilitando a retomada de investimentos nessas áreas; (...).
>
> Art. 2º. Ficam incluídas no PED: I – *a execução dos serviços e obras públicas, objeto de* concessão, permissão ou *autorização*, observado o disposto nesta Lei e na Lei n. 7.835, de 8 de maio de 1992; (...).
>
> Art. 3º. O PED será implementado mediante projetos de desestatização, que poderão compreender as *seguintes modalidades*: (...); VIII – concessão, permissão ou *autorização de serviços públicos*, (...).

Ainda, a Lei Complementar 914/2002, ao estabelecer o rol de competências da ARTESP, contemplou expressamente a modalidade autorizativa aos serviços por ela regulamentados. Vejamos:

> Art. 1º. Fica instituída a Agência Reguladora de Serviços Públicos Delegados de Transporte do Estado de São Paulo – ARTESP, autarquia de regime especial, vinculada à Secretaria de Estado dos Transportes, dotada de autonomia orçamentária, financeira, técnica, funcional, administrativa e poder de polícia, com sede e foro na cidade de São Paulo, e prazo de duração indeterminado, com a fina-

---

2. Lei estadual de Goiás 18.673, de 21.11.2014.

lidade de regulamentar e fiscalizar todas as modalidades de serviços públicos de transporte *autorizados, permitidos ou concedidos*, no âmbito da Secretaria de Estado dos Transportes, a entidades de direito privado.

(...).

§ 3º. Cabe ao Poder concedente, *por meio de decreto*, aprovar o plano geral de outorgas.

(...).

Art. 3º. Constituem objetivos fundamentais da ARTESP: I – fiscalizar o cumprimento dos contratos de concessão, permissão ou *autorização* de prestação de serviços públicos de transportes; (...).

Art. 4º. A ARTESP, no âmbito dos serviços compreendidos em suas finalidades, terá as seguintes atribuições: (...); X – aplicar as penalidades regulamentares e as definidas nos contratos, e nos termos de permissão ou *autorização*; (...).

(...).

§ 3º. *Os atos de outorga de autorização*, concessão ou permissão a serem editados e celebrados pela ARTESP obedecerão ao disposto na Lei federal n. 8.987/1995, na Lei federal n. 9.074/1995 e na Lei estadual n. 7.835/1992, e nas regulamentações complementares a serem editadas pelas ARTESP.

§ 4º. No cumprimento de suas atribuições, a ARTESP deverá coibir a prática de serviços de transporte de passageiros não concedidos, permitidos ou *autorizados*.

(...).

Art. 23. Deverão ser pagos diretamente ao Poder concedente: I – produto da arrecadação de multas previstas nos regulamentos, nos contratos ou nos termos de permissão ou *autorização*; (...).

(...).

Art. 26 A remuneração dos trabalhos de gerenciamento e fiscalização será arrecadada diretamente pela ARTESP junto aos contratados ou titulares de termos de permissão ou de *autorização*, de acordo com critérios estabelecidos em lei complementar, em contrato ou no instrumento de outorga.

(...).

Art. 31. A infração a esta Lei Complementar e o descumprimento dos deveres estabelecidos no contrato de concessão, no termo de permissão e na *autorização* sujeitará o responsável às seguintes sanções, aplicáveis pela ARTESP, sem prejuízo das de natureza civil e penal: I – advertência; II – multa; III – suspensão; IV – cassação; V – declaração de inidoneidade.

(...).

Art. 38. Na ocorrência de infração grave, apurada em processo regular instaurado na forma do regulamento, a ARTESP *poderá cassar a autorização*. [*Grifos nossos*]

Na sistemática paulista a escolha do modelo de outorga se dá mediante decreto do governador. Isto significa que a decisão pelo emprego de formas contratuais – como a concessão e a permissão – e não contratuais – caso da autorização – obedece a um juízo eminentemente administrativo, que deve, naturalmente, ser embasado em estudos de viabilidade técnica, econômica e jurídica consistentes.

Entre as características mais relevantes da modalidade de autorização – e tomamos por referência o modelo adotado no âmbito federal[3] – estão:

(i) Não realização de licitação para seleção dos prestadores.

(ii) Operação em regime de liberdade de preços dos serviços, tarifas e fretes, e em ambiente de livre e aberta competição.

(iii) Não adoção de prazo de vigência ou termo final, sendo passíveis de extinção somente pela plena eficácia, por renúncia, anulação ou cassação. E:

(iv) Ausência de garantia de exclusividade, exceto em caso de "inviabilidade operacional", isto é, quando a concomitância de prestadores tornar a prestação ruinosa para os autorizados ou prejudicar a própria qualidade dos serviços.

A questão proposta neste capítulo, acerca da juridicidade de tal figura, não é tão simples quanto parece. Abordá-la impõe enfrentar uma série de objeções, a seguir referidas.

2.2 As objeções

A primeira: a doutrina majoritariamente encontra-se presa às fórmulas clássicas da *concessão* e da *permissão* como mecanismos de outorga da prestação de serviços públicos a particulares. Quanto à *autorização*, tomada na qualidade de instituto jurídico, a doutrina também tende a compreendê-la no sentido em que tradicionalmente empregada na história do direito administrativo, ou seja, como figura inserida no capítulo do poder de polícia, consistente no "ato administrativo pelo qual a Administração permite ao particular o exercício de atividade que, sem tal

---

3. Cf. Lei federal 10.233/2001, arts. 43 e 47-A.

permissão, seria proibida".⁴ Assim, se *ce n'est pas dans le manuel*, boa parte de nossos doutrinadores não acredita. Este é o primeiro problema a ser enfrentado.

A segunda ordem de objeções relaciona-se ao fato de que as referências constitucionais à matéria podem induzir à compreensão de que, conforme veremos adiante, haveria diversas soluções, a depender de qual serviço público e de qual ente federativo se tratasse. Assim, no caso específico dos serviços públicos de transporte coletivo de passageiros seria admissível a autorização como modalidade de delegação *apenas* para a União, *porque a Constituição assim o prevê no art. 21, XII, "d" e "e"*, sendo vedada tal modalidade para os serviços de transporte coletivo de passageiros de titularidade de Estados, Distrito Federal e Municípios, para os quais a Constituição prevê *aparentemente* apenas as modalidades de concessão e de permissão, *ex vi* dos arts. 25, § 1º, 30, V, e 32, § 1º, em leitura combinada com o art. 175 da Carta. Esta é a interpretação literalista.

A terceira ordem de objeções, relacionada à segunda, consiste na ideia de hiperconstitucionalização da Administração Pública e do direito administrativo em geral. Plasma-se, a partir de uma leitura mecânica e às vezes enviesada do texto constitucional, a ideia de que *todas* as decisões da vida administrativa já foram tomadas pelo constituinte de 1988, o que impediria, por exemplo, a *heresia* de se pretender adotar modalidades de delegação de serviços públicos com contornos diversos daquelas que são referidas expressamente no texto constitucional.

A quarta ordem de objeções consiste na suposta violação pelo modelo de autorização do dever de licitar assinalado à Administração Pública na CF em pelo menos dois dispositivos da máxima relevância: o art. 37, XXI, e o art. 175. A adoção do modelo de autorização como técnica de delegação representaria mais uma manifestação da tão propagada "fuga" do direito administrativo, propiciando um desvirtuamento do sentido dos referidos dispositivos constitucionais. É essa, aliás, a fundamentação da inicial da ADI 5.549-DF,⁵ ajuizada pelo Procurador-Geral da República contra os dispositivos da Lei federal 12.996, de 18.6.2014, que deu nova redação a dispositivos da Lei federal 10.233, de 5.6.2001, introduzindo dita modalidade. Nas palavras do Sr. Procurador-Geral da República (fls. 5-6 da inicial):

---

4. José Cretella Jr., *Manual de Direito Administrativo*, 3ª ed., Rio de Janeiro, Forense, 1971, p. 191.

5. A ADI 5.549-DF foi distribuída, em 21.6.2016, à relatoria do Min. Luiz Fux. Até a data de hoje (10.1.2018) permanece pendente de decisão quanto ao pedido de liminar.

Consoante o art. 175 da Constituição da República, cabe ao Poder Público prestar serviços públicos, diretamente ou sob regime de concessão ou permissão, mediante licitação e na forma da lei. Consagrou o dispositivo constitucional a imprescindibilidade de prévio procedimento licitatório para delegação, por concessão ou permissão, de serviços públicos a particulares. Em se tratando de serviço de transporte interestadual e internacional de passageiros, a competência para realizar o procedimento licitatório e conceder a outorga é exclusiva da União, nos termos do art. 21, XII, "e", da Constituição de 1988.

O art. 37, XXI, da Constituição, por sua vez, é taxativo ao estabelecer que, ressalvados os casos especificados em lei, serviços públicos prestados por particulares serão contratados mediante processo de licitação que garanta igualdade de condições a todos os concorrentes.

A exigência de licitação prévia garante a todos a possibilidade de acesso à prestação do serviço público, quando este for passível de exploração por particulares. Concretiza, assim, o princípio da isonomia e prestigia os princípios da livre concorrência e da defesa do consumidor, uma vez que propicia ao usuário serviços públicos de melhor qualidade e com tarifas mais econômicas.

Vejamos, agora, as posições contrárias a tais objeções.

2.3 *"Sed contra"*

2.3.1 *Da autorização como instituto jurídico-administrativo geral*

O cacoete de analisar os institutos jurídicos *sub especie aeternitatis* é um dos maiores defeitos da doutrina jurídica brasileira. Dito de outro modo: muitos autores tendem a definir institutos jurídicos, e proceder à sua classificação em face dos demais, tendo por fundamento a pressuposição de um conteúdo essencial e, por isso mesmo, *definitivo* do fenômeno que analisam. O resultado desta operação é que as formulações dogmáticas passam a ser dotadas de uma pretensão de universalidade; têm por objetivo não apenas *descrever* o direito, exercendo sua função precípua de mediadoras e facilitadoras das relações humanas que subjazem às próprias relações jurídicas, mas também, e sobretudo, condicioná-lo, convertendo-se, de fato, em fonte jurídica primária.

Assim é que, por exemplo, muitos doutrinadores rejeitam as parcerias público-privadas *porque seu modelo jurídico-positivo prevê o pagamento de contraprestação pelo Estado ao parceiro privado, o que desnaturaria, em sua opinião, o conceito "tradicional" de concessão, que prevê a remuneração por tarifa.*[6] De igual modo, haverá doutrinadores que rejeitarão a terceirização de atividades da Administração Pública porque a CF, em seu art. 39, determina que a União, os Estados, o Distrito Federal e os Municípios "instituirão, no âmbito de sua competência, regime jurídico único e planos de carreira para os servidores da Administração Pública direta, das autarquias e das fundações públicas" – dispositivo que em nenhum momento, como se depreende da sua mera leitura, exclui outras formas de colaboração na função administrativa por agentes privados,[7] sujeitos ao regime de contratação privada: os doutrinadores de que ora cogitamos extraem da locução "regime jurídico único", presente no citado dispositivo constitucional, a proposição universal segundo a qual "só podem tomar parte nas coisas públicas os sujeitos investidos de cargo público remissível ao regime jurídico único de que trata o art. 39 da Constituição", o que é, evidentemente, um magnífico equívoco. E, como esses, muitos outros exemplos poderiam ser citados.

As consequências práticas de tais exercícios doutrinários são evidentemente danosas, quer porque o regime jurídico-administrativo que deles deriva torna a Administração Pública excessivamente rígida e refratária a melhoramentos, quer porque fulmina, antecipadamente, qualquer intenção criativa da parte do administrador público, o qual, se não quiser ser responsabilizado (inclusive por improbidade administrativa), deve ficar circunscrito às fórmulas consagradas; quer, por último, porque torna impossível que incrementos de eficiência, decorrentes de novas formas de organização, sejam trazidos ao seio do aparato estatal. Vê-se que, desta forma, *o que é prejudicado, em última análise, é o interesse público*, frustrando-se as finalidades que informam a Administração Pública.

Com o instituto da autorização não é outra coisa o que ocorre. Tendo surgido entre nós como uma figura encartada no capítulo do poder de polícia, a autorização sempre sofreu da parte da doutrina uma descrição que assinalava os caracteres específicos daquele capítulo, ignorando-se, de um lado, as variações que o direito positivo imprimia à figura *dentro* do poder de polícia e, de outro lado, o emprego da técnica autorizativa em outros capítulos do direito administrativo, como os do direito am-

---

6. V. Amauri Feres Saad, "Liberdade das formas nas contratações públicas", in Sérgio Ferraz (coord.), *Direito e Liberdade: Conservadorismo, Progressismo e o Estado de Direito*, São Paulo, Editora do IASP, 2017, pp. 283-350.

7. A propósito, na Constituição Federal não existe nenhum dispositivo que vede a colaboração de trabalhadores privados terceirizados nos misteres administrativos.

biental, dos bens públicos e – o que nos interessa diretamente aqui – dos serviços públicos.

A autorização, deste modo, sempre foi descrita como um arquétipo, que tinha por notas essenciais: (i) constituir um instrumento precário; (ii) ter sua outorga um caráter discricionário; (iii) referir-se a atividades econômicas privadas ou uso de bens públicos; (iv) corresponder à retirada de um obstáculo para o exercício de direitos titularizados pelo particular; e (v) não gerar neste qualquer expectativa de ressarcimento por prejuízos decorrentes da atuação estatal sobre as atividades autorizadas.

A doutrina, como dito, reflete, com uma ou outra diferença, tais caracteres. Veja-se, por exemplo, o que escreve Cid Tomanik Pompeu em monografia sobre o tema:

> 11. Como sempre deve haver norma jurídica estabelecendo a sua exigência para a generalidade dos casos, a autorização administrativa é a *conditio juris* para a prática do ato autorizado.
> (...).
> 13. A autorização *é **ato discricionário** porque ao sujeito ativo cabe decidir a respeito da oportunidade e conveniência de editá-lo, e porque o sujeito passivo, no tocante a ela, tem apenas interesse e não direito.*
> (...).
> 16. A autorização administrativa não altera a capacidade jurídica do sujeito, mas, apenas, a sua *capacidade de agir*. A autorização é constitutiva de direito e não declaratória, pois o beneficiário, antes da outorga, dela não tinha direito, mas somente interesse. Quando a autorização for a *conditio juris* para a prática de um ato, dele será *condição de validade*; quando for elemento acessório, será *condição de eficácia*. Outorgada em relação a ato determinado, a autorização somente aprova os atos anteriormente praticados se a autoridade outorgante tiver o dever de examiná-los.
> (...).
> 21. A recusa de autorização *fere apenas interesse e não direito, por se tratar de ato discricionário.*
> (...).
> 24. *A autorização é **ato administrativo precário** e, portanto, revogável a qualquer momento*, desde que não haja ofensa a direito subjetivo do beneficiário.[8] [*Grifos não coincidentes com os do original*]

---

8. Cid Tomanik Pompeu, *Autorização Administrativa. De Acordo com a Constituição Federal de 1988*, São Paulo, Ed. RT, 1992, pp. 177-178.

Oswaldo Aranha Bandeira de Mello, muito antes, já assim definia a figura da autorização:

> *Autorização* é o ato administrativo *discricionário, unilateral,* pelo qual se faculta, a *título precário,* o exercício de determinada atividade material, que sem ela seria vedada. A respeito, é de recordar-se o porte de armas. Salvo os agentes encarregados da segurança pública, ninguém mais pode trazer consigo armas sem prévia autorização da repartição policial competente. O atendimento ao pedido do interessado, entretanto, fica a critério da Administração Pública, tendo em vista considerações de conveniência e oportunidade públicas. Outro exemplo se encontra na pesquisa e lavra de jazidas.
>
> Pode ser, ante o seu caráter precário, *revogada livremente* e a qualquer tempo, por motivo de interesse público, salvo disposição de lei em contrário, ou se dada a prazo certo. Neste caso, sujeita a Administração a compor os danos se naquele não pode prevalecer, por violar texto legal.[9] [*Grifos nossos, à exceção do primeiro*]

Hely Lopes Meirelles define a autorização no mesmo sentido, quase que com as mesmas palavras:

> *Autorização* é o ato administrativo *discricionário e precário* pelo qual o Poder Público torna possível ao pretendente a realização de certa atividade, serviço ou utilização de determinados bens particulares ou públicos, de seu exclusivo ou predominante interesse, que a lei condiciona à aquiescência prévia da Administração, tais como o uso especial de bem público, o porte de arma, o trânsito por determinados locais etc. Na autorização, embora o pretendente satisfaça as exigências administrativas, *o Poder Público decide discricionariamente sobre a conveniência ou não do atendimento da pretensão do interessado ou da cessação do ato autorizado,* diversamente do que ocorre com a *licença* e a *admissão,* em que, satisfeita as prescrições legais, fica a Administração obrigada a licenciar ou a admitir.
>
> **Não há qualquer direito subjetivo à obtenção ou à continuidade da autorização***, daí por que a Administração pode negá-la ao seu talante, como pode cassar o alvará a qualquer momento,* **sem indenização alguma**.[10] [*Grifos não coincidentes com os do original*]

---

9. Oswaldo Aranha Bandeira de Mello, *Princípios Gerais de Direito Administrativo,* 3ª ed., 2ª tir., vol. I, São Paulo, Malheiros Editores, 2010, pp. 560-561.

10. Hely Lopes Meirelles, *Direito Administrativo Brasileiro,* 43ª ed., atualizada por José Emmanuel Burle Filho, São Paulo, Malheiros Editores, 2018, p. 218.

Divergindo quanto ao caráter *declaratório* ou *constitutivo* da autorização, parcela igualmente autorizada da doutrina também fez questão de pontuar um *conceito nuclear e essencial* da figura. Veja-se a lição de Caio Tácito:

> A autorização ou permissão é o ato administrativo que habilita ao exercício de um direito individual sujeito a controle preventivo. Não cria direito novo, mas possibilita a eficácia de direito preexistente que a lei condicionou, quanto a seus efeitos, à permissão da autoridade pública, em atenção a interesses coletivos respeitáveis.[11]

E de Miguel Reale:

> Daí a tendência a enquadrá-la antes no instituto da "autorização", empregando-se esta palavra para designar o ato pelo qual a Administração Pública, à vista da satisfação pelo particular de determinadas condições previamente estabelecidas, remove o obstáculo legal que antes lhe impedia a prática de determinada atividade. A Administração, em tais casos, *autoriza* o que lhe é pedido, por reconhecer o atendimento de certas condições exigidas por lei, por motivos de ordem ou de interesse público, resultando dessa decisão uma situação jurídica, que poderá implicar o estabelecimento de um regime jurídico ao qual deverá se sujeitar o "autorizado" para poder continuar no desfrute garantido do *status* reconhecido em seu favor, como ocorre na hipótese da autorização concedida para funcionamento de um estabelecimento de crédito.[12]

A doutrina estrangeira, tratando da autorização, tem sido historicamente mais realista, evitando adotar conceitos definitivos acerca do instituto. Michel Stassinopoulos, ao analisar a doutrina alemã sobre o tema, *aponta o equívoco de se pretender inferir uma natureza única, ou mesmo um sentido apriorístico, do instituto da autorização.* Para o autor grego,

> a noção de autorização de polícia compreende um grande número de atos administrativos, dos quais alguns certamente não criam direitos (como as permissões de passagem), enquanto outros formam situações que devem ser protegidas pelo juiz; tal é o caso da autorização para instalação de uma fábrica.[13]

---

11. Caio Tácito, "Autorização administrativa", in *Temas de Direito Público*, vol. 1, Rio de Janeiro, Renovar, 1997, pp. 735-740 (p. 735).

12. Miguel Reale, "Natureza jurídica da permissão e da autorização", in *Direito Administrativo*, Rio de Janeiro, Forense, 1969, p. 154.

13. Michel Stassinopoulos, *Traité des Actes Administratifs*, Atenas, L'Institut Français d'Athènes, 1954, pp. 260-261 (tradução livre).

Igualmente, Fritz Fleiner defende que na transição do Estado de Polícia para o Estado de Direito a regra é a liberdade do indivíduo, a quem, na ausência de lei expressa, é permitido exercer todas as atividades econômicas, sem qualquer oposição do Estado ou de terceiros. Disto resulta que a autorização deverá ser, em regra, ato vinculado, ao qual corresponde o direito subjetivo do particular que atender às exigências legais. Ressalta, no entanto – e este é o traço de realismo que nos interessa –, que *a discricionariedade pode ser legalmente atribuída ao Poder Público em matéria de autorização, tudo dependendo, portanto, da conformação que der o legislador às competências administrativas em cada caso.*[14]

Ou seja: para este autor, acertadamente, não se deveria apontar o grau de liberdade deferido pelo ordenamento ao administrador para a prática do ato como característica essencial da autorização, porque na incalculável seara das normas positivadas se encontrarão autorizações "vinculadas", "discricionárias", e situadas no imenso intervalo entre umas e outras.

A variação das notas características das figuras que são rotuladas como *autorização* levou Eduardo García de Enterría e Tomás-Ramón Fernández a afirmarem a reduzida utilidade de uma "explicação unitária" do fenômeno autorizativo. Salientam, a propósito, os mencionados autores:

> Inclusive no âmbito mais concreto das autorizações em sentido próprio, que é a figura central desse amplo gênero e à que vamos dedicar por isto especial atenção, *há razões de peso para tomar com receio os esquemas e construções unitárias, **cuja generalização, como vamos ver em seguida, é em boa parte a causa da crise pela qual o conceito atravessa***. Uma certa cautela é, pois, imprescindível à hora de analisar a técnica autorizadora, que sofreu, quiçá como nenhuma outra, as consequências da profunda mudança da realidade socioeconômica sobre a que a Administração opera.[15]

O pano de fundo das afirmações, acima transcritas, de Enterría e Fernández é a constatação de que o conceito tradicional de autorização, inicialmente desenhado para situações compreendidas no conceito de *ordem pública*, em sua tríplice dimensão de *tranquilidade, segurança* e *salubridade*, passou a abranger também a *intervenção do Estado no domínio econômico*, transformando-se este, de um mero vigilante estático

---

14. Fritz Fleiner, *Les Principes Généraux de Droit Administratif Allemand*, trad. de Charles Eisenmann, Paris, Librairie Delagrave, 1932, pp. 248-251.
15. Eduardo García de Enterría e Tomás-Ramón Fernández, *Curso de Direito Administrativo*, trad. de Arnaldo Setti, São Paulo, Ed. RT, 1991, p. 848.

das atividades dos particulares, em verdadeiro planejador e regulador da ordem econômica. Tais situações, na visão dos autores, implicarão muitas vezes um grau sensivelmente maior de discricionariedade da parte da Administração Pública na atividade autorizativa.

No caso brasileiro, além dessa dimensão de intervenção no domínio econômico, por si só suficiente para exigir uma revisão das concepções tradicionais acerca da técnica autorizativa, importa destacar que se verificou *ope legis*, via Constituição, um outro âmbito de sua incidência, a saber, o dos *serviços públicos*. Como se verificará no tópico seguinte, a Constituição Federal de 1988 consignou, de forma expressa, a autorização como modalidade de outorga de serviços públicos, permitindo expressamente seu emprego pela Administração Pública.[16]

A consideração do cenário normativo acima referido – e que será, repise-se, objeto dos tópicos subsequentes – é um imperativo decorrente do *princípio da inegabilidade dos pontos de partida*, segundo o qual, como bem descrito por Tércio Sampaio Ferraz Jr., o estudioso do Direito não pode se afastar da análise do direito positivo, sob pena de deslegitimar seu raciocínio. O estudioso, dito de outro modo, não pode ignorar o direito positivo, não pode atuar dogmaticamente desconsiderando as normas vigentes. Isto significa que, caso entenda inválida ou ineficaz determinada norma ou matriz normativa positivas, deve explicitar, no curso da sua argumentação, as razões pelas quais assim o entende.

> Um exemplo de premissa desse gênero, no Direito contemporâneo, é o princípio da legalidade, inscrito na Constituição, e que obriga o jurista a pensar os problemas comportamentais com base na lei, conforme à lei, para além da lei, mas nunca contra a lei.[17]

---

16. Embora tenha sido a Constituição de 1988 a mais pródiga em referências à figura da autorização, deve-se destacar que algumas das Constituições anteriores já previam a autorização de serviços públicos. A Constituição de 1967 (com a Emenda 1/1969) previa que os serviços de telecomunicações, energia elétrica, navegação aérea e transporte marítimo ou terrestre interestadual ou internacional seriam prestados mediante autorização ou concessão (art. 8º, XV). A Constituição de 1946 previa que "os serviços de telégrafos, de radiocomunicação, de radiodifusão, de telefones interestaduais e internacionais, de navegação aérea e de vias férreas que liguem portos marítimos a fronteiras nacionais ou transponham os limites de um Estado" (art. 5º, XII) e os aproveitamentos dos recursos minerais e de energia hidráulica (art. 153) seriam explorados mediante concessão ou autorização. Mais remotamente, a Constituição de 1937 previa que a exploração de minérios e energia hidráulica dependia de autorização da União (art. 143). A Constituição de 1934, em dispositivo muito similar (art. 119), permitia a exploração de minas e aproveitamentos hidrelétricos mediante autorização ou concessão federal.

17. Tércio Sampaio Ferraz Jr., *Introdução ao Estudo do Direito. Técnica, Decisão, Dominação*, 4ª ed., São Paulo, Atlas, 2003, p. 48.

Argumentar contra a lei, ou, pelo menos, ignorar solenemente matrizes normativas inteiras, perfeitamente válidas e eficazes, é exatamente – renovadas as vênias – o que faz a parcela da doutrina que insiste em *negar* os variados caracteres que o direito positivo tem imprimido às autorizações de serviços públicos. De atos precários, revogáveis a qualquer tempo, as autorizações passaram a admitir, em alguns casos, termo ou prazo determinado; podem as autorizações ser, de acordo com a conformação normativa, atos discricionários ou vinculados; podem referir-se não apenas ao exercício do poder de polícia sobre atividades privadas, ou bem ao uso de bens públicos, mas também à outorga de serviços públicos; se antes não se admitia a geração de qualquer direito em benefício do autorizado, agora se poderá admitir o direito a indenização em caso de prejuízos que a ação do poder concedente autorizador possa lhe trazer.

Jacintho Arruda Câmara, examinando o setor de telecomunicações, que adotou a autorização como uma das modalidades de outorga para a prestação dos serviços de titularidade estatal, manifesta-se fortemente sobre a necessidade de a reflexão jurídica acompanhar, com fidelidade, as modificações introduzidas, sobretudo a partir da Constituição de 1988, sobre o instituto. *In verbis*:

> Quando se pensa numa teoria geral, que tenha por base um determinado ramo do Direito, espera-se que essa teoria reflita o que se encontra de comum sobre o objeto estudado. *A teoria busca (ou deveria buscar) extrair aquilo que se constata a partir da análise de seu objeto de estudo.* **Não tem por propósito negar, omitir ou mesmo lutar contra uma dada realidade (normativa).** *O papel do jurista é explicá-la.*
>
> A crítica doutrinária feita ao regime jurídico atribuído à autorização para prestar o serviço de telecomunicações contraria esse senso comum. *Constatada a discrepância entre a teoria e seu objeto (texto de lei definidor de um dado instituto jurídico), ao invés de se reformular a teoria, busca-se rejeitar e negar a realidade pesquisada.*
>
> *A doutrina se autoproclama fonte normativa superior ao próprio texto constitucional, como se não fosse dado ao legislador mudar ou construir conceitos jurídicos.* No caso em exame o que mais surpreende é a falta de conexão entre o que se apresenta como consenso doutrinário e a realidade normativa (e até mesmo ao que se diz nos meios acadêmicos de outros Países). Construiu-se uma realidade virtual, sem comprovação empírica (extraível de normas jurídicas ou do Direito Comparado) e, a partir dela, passou-se a refutar a validade de normas postas no País.

A análise do Direito posto (e também do Direito Comparado contemporâneo) *revela que não se pode advogar a existência de um conceito único de autorização* (algo que acredito jamais ter existido fora dos manuais...).[18]

E prossegue Jacintho Arruda Câmara, ressaltando a necessidade de uma compreensão realista da figura da autorização:

A realidade jurídica revela a convivência de diversas acepções do termo "autorização". O conceito de autorização nos serviços de radiodifusão não é o mesmo do empregado nos de telecomunicações. O setor elétrico possui a sua concepção, *o de serviços de transporte de passageiros já emprega outra.* A mesma expressão (autorização) que serve para legitimar a instalação de uma banca de jornal também é empregada pelo legislador como instrumento de regularização do funcionamento de bancos (instituições financeiras). E nessa linha pode se seguir com infindáveis exemplos de aplicações próprias do termo.

A ausência de um modelo pode ser frustrante ou angustiante para quem se acostumou com fórmulas preconcebidas (mesmo que artificiais). No entanto, esta é a situação presente no ordenamento jurídico brasileiro de há muito. A utilização dada ao termo na LGT, certamente por sua notoriedade e repercussão, chamou a atenção da doutrina para o descompasso entre suas lições e a prática. Seria importante que, ao invés de tratar esse eloquente exemplo de defasagem como um "equívoco" do legislador, a doutrina aproveitasse a oportunidade para reformular suas afirmações em torno do instituto.

Para tanto, *acredito que o caminho básico é abandonar a pretensão de se cunhar um conceito único do instituto*. Na verdade, é impossível adotar, com base num exame fiel do direito positivo, um conceito geral que envolva todas as aplicações do instrumento autorização. É o que se extrai do ordenamento jurídico brasileiro, com respaldo na experiência internacional.[19]

No mesmo sentido é a posição de Maria Sylvia Zanella Di Pietro, que recentemente passou a admitir a existência da autorização de serviço público para os serviços federais expressamente referidos na Constituição de 1988:

18. Jacintho Arruda Câmara, "As autorizações da Lei Geral de Telecomunicações e a teoria geral do direito administrativo", *Revista de Direito de Informática e Telecomunicações/RDIT* 2/55-68, Ano 2, Belo Horizonte, julho-dezembro/2007 (disponível em *http://www.bidforum.com.br/bid/PDI0006.aspx?pdiCntd=49841*, acesso em 1.10.2015).

19. Idem, ibidem.

Na terceira acepção a autorização é o ato administrativo unilateral e discricionário pelo qual o Poder Público delega ao particular a exploração de serviço público, a título precário. Trata-se da *autorização de serviço público*. Esta hipótese está referida, ao lado da concessão e da permissão, como modalidade de delegação de serviço público de competência da União. Até a 17ª edição vínhamos entendendo que a autorização não existe como forma de delegação de serviço prestado ao público, porque o serviço é prestado no interesse exclusivo do autorizatário. A partir da 18ª edição esse entendimento foi reformulado. Os chamados serviços públicos autorizados, previstos no art. 21, XI e XII, da CF, são de titularidade da União, podendo ou não ser delegados ao particular, por decisão discricionária do Poder Público; e essa delegação pode ser para atendimento de necessidades coletivas, com prestação a terceiros (caso da concessão e da permissão), ou para execução no próprio benefício do autorizatário, o que não deixa de ser também de interesse público. A essa conclusão chega-se facilmente pela comparação entre os serviços de telecomunicações, energia elétrica, navegação aérea e outros referidos no art. 21, XI e XII, com os serviços não exclusivos do Estado, como educação e saúde. Estes últimos, quando prestados pelo Estado, são serviços públicos próprios; quando prestados por particular, são serviços públicos impróprios, porque abertos à iniciativa privada por força da própria Constituição; no primeiro, existe *autorização de serviço público*; no segundo, existe autorização como ato de polícia.[20]

Rejeitando-se um conceito único para o instituto da autorização, há que se buscar no direito positivo, em suas mais variadas manifestações, os elementos para a análise jurídica.

2.3.2 Da autorização de serviços públicos na Constituição Federal

A Constituição Federal apresenta regramento bastante detalhado quando trata de serviços públicos e demais atividades a cargo das pessoas políticas.

Primeiramente, no que tange à distribuição de competências. O art. 21 aloca entre as competências da União: (i) o serviço postal (inciso X); (ii) os serviços de telecomunicações (inciso XI); (iii) os serviços de radiodifusão sonora e de sons e imagens (inciso XII, "a"); (iv) os serviços e instalações de energia elétrica (inciso XII, "b"); (v) a navegação aérea,

20. Maria Sylvia Zanella Di Pietro, *Direito Administrativo*, Rio de Janeiro, Forense, 2016, pp. 271-272.

aeroespacial e a infraestrutura aeroportuária (inciso XII, "c"); (vi) os serviços de transporte ferroviário e aquaviário entre portos brasileiros e fronteiras nacionais, ou que transponham os limites de Estado ou Território (inciso XII, "d"); (vii) os serviços de transporte rodoviário interestadual e internacional de passageiros (inciso XII, "e"); (viii) os portos marítimos, fluviais e lacustres (inciso XII, "f"). Para os serviços mencionados nos incisos XI e XII a Constituição Federal expressamente faculta a prestação indireta mediante *concessão*, *permissão* ou *autorização*.

Aos Municípios estão consagradas as competências para organizar e prestar, diretamente ou sob regime de *concessão* ou *permissão*, os serviços públicos de interesse local, incluído o de transporte coletivo, que tem caráter essencial (art. 30, V). Entre os serviços que normalmente são assumidos como de interesse local estão os serviços funerários e de cemitérios, a iluminação pública, a coleta de lixo urbano, saneamento básico (exceto quando se tratar de Região Metropolitana, caso em que a competência passa ao Estado) – entre outros.

Aos Estados são outorgadas as competências para a prestação, mediante *concessão*, dos serviços de gás canalizado (art. 25, § 2º) e para a prestação dos serviços que não estejam expressamente assinalados à União ou aos Municípios pelo texto constitucional (art. 25, § 1º). Os serviços de transporte coletivo rodoviário intermunicipal nos limites do Estado são compreendidos pacificamente como serviços de competência estadual, por força do mencionado art. 25, § 1º, da CF. A propósito, já em 1969 Pontes de Miranda ressaltava que

> aos Estados-membros é que toca explorar ou autorizar ou fazer concessão de exploração de serviços de transportes intraestaduais, porque lhes cabem os poderes que a Constituição não conferiu à União ou ao Município.[21]

Os serviços públicos de saúde, de competência comum entre União, Estados, Distrito Federal e Municípios, são centralizados no Sistema Único de Saúde/SUS, nos termos dos arts. 196 e ss. da Carta Federal. Tais serviços podem ser prestados de forma livre pela iniciativa privada (art. 199).

Os serviços públicos de educação, disciplinados pelos arts. 205 a 214 da CF, são gratuitos, cabendo aos Municípios atuar "prioritariamen-

---

21. Francisco Cavalcanti Pontes de Miranda, *Comentários à Constituição de 1967 com a Emenda n. 1 de 1969*, 2ª ed., t. I, São Paulo, Ed. RT, 1973, p. 576. O autor comenta o art. 13, § 1º, da Constituição de 1969, de teor idêntico ao art. 25, § 1º, da atual Constituição.

te no ensino fundamental e na educação infantil" (art. 211, § 2º), aos Estados e ao Distrito Federal atuar "prioritariamente no ensino fundamental e médio" (art. 211, § 3º) e à União a organização da rede pública de ensino e seu planejamento, e atuar de forma supletiva em relação aos demais entes federativos. Assim como no caso da saúde, os serviços educacionais são livres à iniciativa privada, desde que observadas as normas gerais da educação nacional e mediante *autorização* e avaliação de qualidade pelo Poder Público (art. 209).

Em paralelo a tais dispositivos, mencione-se o art. 175 da CF:

> Art. 175. Incumbe ao Poder Público, na forma da lei, diretamente *ou sob regime de concessão ou permissão*, sempre através de licitação, a prestação de serviços públicos.
>
> Parágrafo único. A lei disporá sobre: I – o regime das empresas concessionárias e permissionárias de serviços públicos, o caráter especial de seu contrato e de sua prorrogação, bem como as condições de caducidade, fiscalização e rescisão da concessão ou permissão; II – os direitos dos usuários; III – política tarifária; IV – a obrigação de manter serviço adequado.

A interpretação literal do artigo transcrito, no que toca ao tema do presente trabalho, leva à compreensão inicial de que a prestação de serviços públicos, quando realizada de forma delegada, somente poderá ser realizada sob a figura da concessão ou da permissão – em ambos os casos mediante licitação. A compatibilização do mandamento contido no art. 175 com os demais dispositivos constitucionais que preveem a modalidade de autorização pode levar a duas conclusões, ambas erradas: (i) a de que a figura da autorização ficaria reservada às atividades que não configurassem serviço público; e (ii) a de que para os serviços não referidos na Constituição Federal como passíveis de delegação mediante autorização só restaria o caminho da concessão ou permissão, vedando-se, implicitamente, a utilização da autorização.

Ambas as conclusões pecam porque, de um lado, confundem a noção de serviço público *como definidora de um grupo de atividades socialmente relevantes* com o próprio regime de sua prestação e, de outro lado, ignoram, pelo menos no tocante aos Estados, Distrito Federal e Municípios, variadas regras – também de estatura constitucional – que permitem a tais entes organizar o regime da prestação dos serviços que titularizam da forma que julgarem mais conveniente ao atendimento do interesse público que tutelam. É o que se demonstrará nos tópicos seguintes.

2.3.3 Consequências jurídicas da autonomia dos entes federativos e o exercício da titularidade dos serviços de transporte coletivo

A República Federativa do Brasil, como indica sua própria denominação, organiza-se sob o regime federativo (arts. 1º e 60, § 4º, I, da CF[22]). Não se trata, como é sabido, de inovação da vigente Constituição: desde o advento da República o Brasil, sob forte influência norte-americana, tem se mantido, em todos os regimes constitucionais subsequentes, como Federação.[23] A única inovação que peculiariza a atual ordem constitucional em face das anteriores, de fora parte a própria distribuição das competências entre os entes federados, talvez seja a admissão expressa dos Municípios como pessoas federadas, ao lado dos Estados, do Distrito Federal e dos Territórios – novidade, esta, que causou o entusiasmo de parcela da doutrina identificada com o "municipalismo", havendo quem sustentasse que a vigente Constituição não foi suficientemente pródiga na distribuição de competências e prerrogativas aos Municípios, agora elevados à maior estatura constitucional na história brasileira.[24]

---

22. CF:
"Art. 1º. A República Federativa do Brasil, formada pela *união indissolúvel* dos Estados e Municípios e do Distrito Federal, constitui-se em Estado Democrático de Direito e tem como fundamentos: (...)".
"Art. 60. (...).
"(...).
"§ 4º. *Não será objeto de deliberação* a proposta de emenda tendente a abolir: I – *a forma federativa de Estado*; (...)" (grifos nossos).

23. Cf.: os arts. 1º, 6º, § 2º, e 90, § 4º, da Carta de 1891; os arts. 1º e 178, § 5º, da Constituição de 1934; o art. 3º da Constituição de 1937; os arts. 1º e 217, § 6º, da Constituição de 1946; os arts. 1º e 50, § 1º, da Constituição de 1967; e os arts. 1º e 47, § 1º, da Constituição de 1969. Ainda em 1889, o Decreto 1, de 15 de novembro, editado pelo governo provisório do Marechal Deodoro, mencionava expressamente a República Federativa como "forma de governo da Nação Brasileira" (art. 1º) e determinava que o Governo Central não reconheceria "nenhum governo local contrário à forma republicana" (art. 7º).

24. Dinorá Adelaide Mussetti Grotti descreve as principais preocupações da doutrina municipalista:
"Porém, a preocupação maior de todos os que defendem a causa federalista está em encontrar um equilíbrio satisfatório nas relações federativas para possibilitar maior eficiência à ação governamental nos diferentes níveis de poder.
"Ao repensar a atual composição de forças, refutam alguns autores o esquema clássico e sustentam que o remanejamento de poderes por si só não seria uma solução viável para se atingir o equilíbrio almejado, sugerindo, por exemplo, o Federalismo das Regiões ou Federalismo Regional como alternativa, com a instituição de pessoas regionais, com capacidade, inclusive, política. Nessa linha, entre outros, Paulo Bonavides, Paulo Lopo Saraiva, Clèmerson Merlin Clève e Marcela Moraes Peixoto.

O princípio federativo, conforme salienta José Horácio Meirelles Teixeira, desdobra-se em duas diretrizes básicas, sem o quê não se pode cogitar verdadeiramente de Federação: (i) divisão do poder político entre um governo central e governos regionais; e (ii) uma Constituição rígida que garanta a eficácia de tal divisão, evitando intromissões e conflitos entre os entes federados.[25] Oswaldo Aranha Bandeira de Mello, no mesmo sentido, leciona:

> Os Estados-membros de uma Federação nunca teriam as suas atribuições garantidas se elas não fossem prefixadas por uma Constituição rígida. Reputamos esse elemento de grande relevo para se caracterizar um Estado Federal, *pois, sem esse meio asseguratório das suas atividades, os Estados federados se transformariam, naturalmente, em circunscrições tuteladas, sujeitas ao livre alvedrio do governo federal*. Eis aí um característico importante do Estado Federal, reconhecido pelos tratadistas de língua inglesa que têm abordado esse problema (...).[26] [*Grifos não coincidentes com os do original*]

O federalismo, que reúne em torno da figura indissolúvel da União os demais entes federados, iguais e autônomos entre si, objetiva, na síntese feliz de Dalmo de Abreu Dallari, "a consecução de ambas, a unidade e a diversidade".[27] E qual a fórmula empregada pelo constituinte de 1988 para garantir "a unidade e a diversidade"?

"Já outros preconizam que uma adequada reformulação da repartição de competências poderia restaurar o equilíbrio perdido, revigorando o federalismo. Raul Machado Horta partilha de tal posicionamento.

"A Constituição de 1988 inclinou-se por opção do gênero e, embora tenha contribuído para a consolidação do processo de democratização do País, sob o ângulo da repartição de poderes não conseguiu encontrar o equilíbrio nas relações federativas, pois persiste uma excessiva concentração de poderes na União, pouco restando para os Estados no que se refere à sua capacidade legislativa, continuando seus poderes remanescentes esvaziados de conteúdo e de significado prático" ("A Federação Brasileira como forma de descentralização do poder", *Revista de Direito Constitucional e Internacional* 18/130, janeiro/1997). Cf., também: Thaís Novaes Cavalcanti, "O princípio da subsidiariedade e a dignidade da pessoa: bases para um novo federalismo", *Revista de Direito Constitucional e Internacional* 67/2, 2009, versão eletrônica; Marta Marques Ávila, "A Federação Brasileira, a entidade municipal e a repartição de competências: aspectos controversos", *Interesse Público/IP* 75/187-197, Ano 14, Belo Horizonte, Fórum, setembro-outubro/2012.

25. José Horácio Meirelles Teixeira, in Maria Garcia (org.), *Curso de direito constitucional*, 2ª ed., São Paulo, Conceito, 2011, p. 568.
26. Oswaldo Aranha Bandeira de Mello, *Natureza Jurídica do Estado Federal*, São Paulo, Prefeitura de São Paulo, 1948, p. 52.
27. Dalmo de Abreu Dallari, *O Estado Federal*, São Paulo, Ática, 1986, p. 51.

A primeira delas, já esboçada no tópico 2.3.2, precedente, relaciona-se com a própria divisão de competências entre os entes federados. Como visto, a Constituição relaciona competências *administrativas* e *legislativas* entre os entes federativos, garantindo que o poder estatal seja exercido de forma complementar e cooperativa entre União, Estados, Distrito Federal e Municípios (arts. 20-33, sobretudo).

Mas há outros pontos de relevo a salientar. A doutrina constitucionalista, abordando o tema da Federação Brasileira, descreve a autonomia estadual em quatro aspectos fundamentais: a capacidade de *auto-organização*, a capacidade de *autogoverno*, a capacidade de *autolegislação* e a capacidade de *autoadministração*.

A capacidade de *auto-organização* é o primeiro elemento da autonomia estadual, e consiste na capacidade de dar-se a própria Constituição. O art. 25 da CF é claro ao estabelecer que "os Estados organizam-se (...) pelas Constituições que adotarem". "Significa dizer" – no magistério autorizado de José Afonso da Silva –

> que as Constituições Estaduais implicam a existência de um Poder especial que, por meio delas, organiza, forma, *constitui* os respectivos Estados federados, e é o *Poder Constituinte* pertinente ao povo de cada uma dessas unidades federativas, (...).[28]

Os limites ao poder constituinte estadual são dados, conforme compreensão já tradicional da doutrina constitucionalista, por suas ordens de princípios: (i) os chamados *princípios constitucionais sensíveis*; e (ii) os *princípios constitucionais estabelecidos*.

Os princípios sensíveis são aqueles de evidente identificação, notórios; trata-se daqueles fixados no art. 34, VII, da CF, que determinam que os Estados deverão organizar-se obedecendo: (a) à forma republicana do governo; (b) ao sistema representativo e ao regime democrático; (c) aos direitos da pessoa humana; (d) à autonomia municipal; e (e) à prestação de contas da Administração direta e indireta (mandamento reforçado pelos preceitos dos arts. 70-75 da Carta).

Os princípios constitucionais ditos estabelecidos são aqueles que limitam a capacidade organizatória dos Estados. São, como menciona José Afonso da Silva com amparo nas lições de Raul Machado Horta,

---

28. José Afonso da Silva, *Curso de Direito Constitucional Positivo*, 41ª ed., São Paulo, Malheiros Editores, 2018, p. 618.

aquelas *regras* que *revelam*, previamente, a matéria de sua organização e as *normas* constitucionais de caráter vedatório, bem como os princípios de organização política, social e econômica, que determinam o retraimento da autonomia estadual, cuja identificação reclama pesquisa no texto da Constituição.[29]

Quanto a tais princípios, Uadi Lammêgo Bulos traz um rol *exaustivo*, extraído a partir da análise abrangente do texto da Constituição:

Limites explícitos – também chamados de expressos, são aqueles que vêm previstos de modo taxativo na Constituição Federal. Decorrem, portanto, da manifestação constituinte originária, e, por isso, são de observância obrigatória pelos agentes do poder constituinte decorrente, que, ao elaborar, ou reformar, as Cartas Estaduais, devem acatá-los, incondicionalmente. *Uns trazem proibições materiais*, como aquelas ligadas ao núcleo substancial das Constituições, a exemplo dos princípios federativo e republicano (art. 12, *caput*), da dignidade humana (art. 12, III), da isonomia (art. 52, *caput*), da legalidade (art. 52, II), da moralidade (art. 37), do combate às desigualdades regionais (art. 43), da previsão do fundo de participação tributária especial para as Regiões Norte, Nordeste e Centro-Oeste (art. 159), do plano plurianual regionalizado (art. 165, § 1º), do rateio de fundos (art. 159, I), das diretrizes econômicas, financeiras e sociais (arts. 170 a 181 e 193 a 204) etc. *Outros, formais*. Estes são importantíssimos. Consagram vedações de forma. Proíbem os deputados estaduais de inserirem nas Cartas Estaduais assuntos contrários aos princípios estabelecidos na Constituição Federal. E que princípios são esses? A resposta a essa pergunta só pode ser obtida pela prospecção dos limites expressos formais, numa ordem constitucional positiva determinada. É o caso do ordenamento brasileiro. Se esmiuçarmos os limites expressos do poder decorrente, contidos na Constituição de 1988, veremos que eles podem ser ***vedatórios ou mandatários***. Ambos têm natureza formal. *Os limites vedatórios proíbem os Estados de praticarem atos ou seguirem procedimentos contrários à manifestação constituinte originária*. Exemplos: arts. 19, 35, 150 e 152. *Já, os limites mandatários ao poder constituinte estadual são os que determinam, de modo direto e taxativo, o rol de matérias que devem constar, necessariamente, na Constituição do Estado-membro*. Compelem os agentes do poder decorrente a observarem as diretrizes constitucionais que contenham restrições à liberdade organizatória. Exemplos: arts. 18, § 4º, 29, 31, § 1º, 37 a 42, 92 a 96, 98, 99, 125,

---

29. Idem, p. 622.

§ 2º, 127 a 130, 132, 134, 135 e 144, IV e V, §§ 4º a 7º, da Carta de 1988.[30]

A doutrina ainda refere os chamados *princípios implícitos*, que limitariam a capacidade de auto-organização dos Estados-membros:

> Limites implícitos – também rubricados de indiretos, inerentes, silenciosos ou tácitos, não vêm positivados, *ipsis litteris*, na letra dos dispositivos constitucionais. Possuem um sentido particularizado, pois são implícitos. *Subsomem-se das próprias pautas jurídicas expressas, visto que promanam da lógica geral da Carta Magna.* Exemplo: os Estados não poderão interceder em matérias de estrita competência da União (arts. 21 e 22) e dos Municípios (art. 30), sob pena, neste último caso, de intervenção federal (art. 34, VII, "c"). Pondere-se que esses limites implícitos não podem ser invocados como barreiras impeditivas do exercício equilibrado do poder decorrente, inicial e reformador. *O que se busca através deles é evitar invasões de competência, violando a manifestação constituinte de primeiro grau.* Nada impede, e.g., o legislador estadual de instituir regiões metropolitanas, aglomerações urbanas e microrregiões (art. 25, § 3º), desde que siga os critérios prescritos pela Constituição brasileira, dentre os quais a organização tributária federal (arts. 145 e 155), a separação de Poderes (art. 2º), o respeito à Assembleia Legislativa e ao governador do Estado (arts. 27, 28, 92, VII, e 125), a estrutura unicameral do Poder Legislativo Estadual e do Executivo unipessoal (arts. 27 e 28).[31] [*Grifos nossos*]

Como se verifica do complexo arranjo normativo que condiciona o exercício da capacidade de auto-organização dos Estados-membros, *não há nenhuma regra ou princípio atinente às condições de prestação dos serviços públicos de titularidade do Estado*. O constituinte de 1988 não impõe regras ou modalidades de prestação dos serviços públicos a cargo dos Estados, a serem refletidas nas respectivas Constituições, e a nosso ver o faz acertadamente, *porque tal matéria é de nítido interesse da auto-organização de tais entes federados*.

Reitere-se que, no plano da hermenêutica constitucional, as regras que limitem a auto-organização dos Estados-membros devem ser interpretadas todas de modo a favorecer a autonomia, pois "sem autonomia não se pode falar em Estado-membro, pois ela configura o seu elemento

---

30. Uadi Lammêgo Bullos, *Curso de Direito Constitucional*, 8ª ed., São Paulo, Saraiva, 2014, p. 431.
31. Idem, p. 432.

essencial".³² Com relação à matéria, deve-se subscrever a lição abalizada de Elival da Silva Ramos e Fernanda Dias Menezes de Almeida, abaixo transcrita:

> A única exegese das disposições constitucionais limitadoras à capacidade organizatória dos Estados-membros, que se compadece com a tábua axiológica adotada pela Carta Magna, *é aquela da qual resulta uma intelecção estrita ou restritiva dessas disposições, na medida em que favorece a autonomia estadual.*³³ [*Grifos não coincidentes com os originais*]

E também de José Afonso da Silva, *in verbis*:

> Tais princípios limitam, como se viu, a autonomia organizatória do constituinte estadual. Significa isso que se cogita de normas limitativas de um dos princípios fundamentais da ordem constitucional brasileira: a autonomia dos Estados (art. 18), *verdadeira decisão política fundamental, que é o princípio federativo que descansa na* **autonomia das unidades federadas**, *fulcro da estrutura do Estado Brasileiro, tão importante o considerou o constituinte nacional que o erigiu em núcleo imutável por via de emenda constitucional (art. 60, § 4º).* **Daí sua preeminência em relação àqueles princípios que constituem limitações à capacidade organizatória dos Estados**, salvo quanto aos que decorrem do sistema constitucional, há pouco mencionados, porquanto estes são superiores, dado que revelam os fins e fundamentos do próprio Estado Brasileiro.
>
> Afora a consideração desses últimos, *os demais princípios enumerados ou estabelecidos pela Constituição Federal, que impliquem limitações à autonomia estadual – cerne e essência do princípio federalista –, hão que ser compreendidos e interpretados* **restritivamente e segundo seus expressos termos**. *Admitir o contrário seria superpor a vontade constituída à vontade constituinte.*³⁴ [*Grifos não coincidentes com os originais*]

Diante da capacidade de auto-organização deferida pela Constituição Federal aos Estados-membros, como manifestação fundamental da estrutura federativa do Estado Brasileiro, não resta dúvida de que aos

---

32. Idem, p. 933.
33. Elival da Silva Ramos e Fernanda Dias Menezes de Almeida, "Auto-organização dos Estados federados", in Coleção *Doutrinas Essenciais – Direito Constitucional*, vol. 3, São Paulo, Ed. RT, 2011, pp. 447-460 (p. 460).
34. José Afonso da Silva, *Curso de Direito Constitucional Positivo*, cit., 40ª ed., p. 626.

Estados *se permite a discricionariedade legislativa e administrativa* para adotar, entre as modalidades em Direito admitidas, aquelas formas de outorga que julgar mais convenientes ou oportunas para a prestação indireta dos serviços públicos que tituliza. Do contrário resultaria muito pouco a disciplinar no interior da autonomia que a Constituição outorga a tais entes – situação que, como já exposto, contraria frontalmente a própria ideia de Federação. Os Estados-membros, nessa ordem de ideias, apesar de formalmente autônomos, configurariam meros "preenchedores de papelada do constituinte de 1988", solução que não pode ser concebida à luz da Constituição Federal e que, mesmo quando entre nós vigia um arranjo nacional unitário, nunca foi praticada.[35]

Por tais razões é que se deve rejeitar posições como a de André Luiz Freire, para quem:

(...) a regra geral na matéria é que, para a delegação a particulares, seja utilizada a concessão e a permissão, conforme prevê o art. 175 da Constituição. Se um Estado pretender delegar algum serviço público de sua titularidade (exemplo: transporte intermunicipal de passageiros) por meio de autorização, ele não poderá. O mesmo vale para o Distrito Federal e para os Municípios. Isso porque *a autorização de serviços públicos está admitida apenas para os serviços previstos no art. 21, XI e XII, da Constituição, todos de titularidade da União*. Do contrário, se fosse possível a entes políticos diversos da União delegar serviço público por meio de autorização, tal instituto estaria previsto no art. 175 da Lei Maior.[36]

Tal raciocínio peca porque, desconsiderando o conselho de Almiro do Couto e Silva, segundo quem "se deve começar a interpretar a

---

35. Basta lembrar que a monumental Constituição de 1824 reconhecia (art. 71) "o direito de intervir todo o cidadão nos negócios de sua Província, e que são imediatamente relativos a seus interesses peculiares", prevendo que o Parlamento provincial, o Conselho-Geral, teria competência para "propor, discutir e deliberar sobre os negócios mais interessantes das suas Províncias, formando projetos peculiares, e acomodados às suas localidades e urgências" (art. 81). Posteriormente, a Lei 16/1834, editada pelo Governo Regencial, modificou a Constituição para ampliar o rol de competências das Províncias, determinando que caberia às Assembleias Provinciais (nova denominação dos Conselhos-Gerais) legislar sobre "obras públicas, estradas e navegação no interior da respectiva Província, que não pertençam à administração geral do Estado" (art. 10) e "regular a administração dos bens provinciais" (art. 11). Nem mesmo no Império, portanto, se poderia negar aos entes locais o disciplinamento dos serviços de sua titularidade.

36. André Luiz Freire, *O Regime de Direito Público na Prestação de Serviços por Pessoas Privadas*, tese de Doutorado, São Paulo, PUC/SP, 2013, p. 364.

Constituição a partir da própria Constituição",[37] esquece de se referir à autonomia federativa dos Estados-membros e ao arcabouço normativo que permite a tais entes estabelecer Constituição própria (art. 25), estatuir legislação peculiar (art. 25), gerir os próprios negócios, pela ação administrativa do governador, com base nas competências administrativas, legislativas e tributárias previstas na Constituição (art. 25, § 1º), e organizar seu próprio governo, mediante a eleição de representantes, seja no âmbito executivo, seja no legislativo, seja, ainda, pela organização de sua própria estrutura judiciária (arts. 27, 28 e 125).

Resultado da incidência direta de tais competências – que consubstanciam, repise-se, o fundamento do regime federativo brasileiro – *é a plena juridicidade do emprego, pelos Estados-membros, da figura da autorização como modalidade de outorga de serviços públicos*. Lembre--se que a autorização é ato administrativo, e, portanto, figura não submetida ao modelo rígido das figuras contratuais de outorga (concessão e permissão), que se encontram disciplinadas no já mencionado art. 175 da CF e, por força da competência contida no art. 22, XXVII, igualmente do Texto Maior, também pela Lei federal 8.987, de 13.2.1995. Trata-se, ao contrário, de ato administrativo próprio dos entes federados, para dispor sobre a execução de serviços que titularizam.

Diante do quanto exposto, só se pode admitir uma compreensão do art. 175 da CF de forma *combinada* e *harmonizada* com as disposições, também de estatura constitucional, que garantem aos Estados-membros a competência para dispor, legislativa e administrativamente, sobre os serviços públicos de sua titularidade. As disposições do art. 175 serão obrigatórias sempre que a delegação de serviços públicos pelos entes federados se der mediante formas contratuais. Se a delegação, por outro lado, se der mediante formas não contratuais – e nada impede que isto aconteça –, então, caberá ao ente federado delegante formalizar a deleção mediante ato administrativo (autorização).

Não é outro o entendimento que esposa Diogo de Figueiredo Moreira Neto, cujas palavras são transcritas a seguir:

> Os autorizados de serviços públicos são entes privados, executores de administração associada de interesses públicos de natureza econômica por parceria, instrumentada por ato administrativo que delega precariamente a um particular a execução de certos serviços

---

37. Almiro do Couto e Silva, "Privatização no Brasil e o novo exercício de funções públicas por particulares. Serviço público 'à brasileira'?", *RDA* 230/45-74, outubro-dezembro/2002 (p. 70).

públicos em caráter instável, emergente ou transitório. *Desde logo, esclareça-se que o preceito constitucional, do art. 175, **caput**, que trata exclusivamente do regime de delegação contratual de serviços públicos, **não deve ser tomado como excludente de outros regimes constitucionalmente possíveis para instrumentar uma delegação.***

Vários exemplos de que não há vedação de emprego de quaisquer outros regimes de delegação, salvo, por óbvio, os contratuais, se encontram expressamente previstos na própria Constituição, como através de atos administrativos complexos, que resultem da cooperação entre entes públicos, desde logo referido no art. 23, parágrafo único, ao tratar da execução de serviços comuns. Também na Constituição, no art. 25, § 3º, está previsto o cometimento de serviços públicos de interesse comum nas regiões metropolitanas, aglomerações urbanas e microrregiões, que admitem também regimes complexos, públicos ou privados, e, neste caso, através de convênios que podem envolver empresas privadas especializadas. E, ainda na Constituição, igualmente estão previstos inúmeros regimes unilaterais, instrumentados por autorizações, que são atos administrativos precários, para instrumentar a delegação de serviços públicos de telecomunicações, radiodifusão sonora de sons e imagens, serviços e instalações de energia elétrica e aproveitamento energético de cursos de água, de navegação aérea, aeroespacial e infraestrutura portuária, serviços de transporte ferroviário e aquaviário entre portos brasileiros e fronteiras nacionais, ou que transponham os limites de Estado ou Território, de transporte rodoviário interestadual e internacional de passageiros e de exploração de portos marítimos, fluviais e lacustres (CF, art. 21, XI e XII).

*Não há, portanto, qualquer vedação à União, **Estados**, Distrito Federal ou Municípios para, no exercício de suas respectivas autonomias político-administrativas, **disporem, como melhor lhes parecer, sobre os regimes que mais lhes convier para prestarem serviços públicos***, somente limitados no caso de pretenderem se valer especificamente das formas contratuais da concessão e da permissão, modelos constitucionalmente uniformizados (CF, art. 175).[38]

O juízo de eficiência da Administração pode resultar na constatação, e, portanto, na imposição de que o serviço deve depender direta e exclusivamente da autoridade; é o caso em que a Administração decide pela prestação direta do serviço aos usuários. Todavia, ela pode, ao contrário, descarregar numa pessoa privada a gestão corrente e se limitar a intervir em alguns pontos fundamentais.

38. Diogo de Figueiredo Moreira Neto, *Curso de Direito Administrativo*, 16ª ed., Rio de Janeiro, GEN/Forense, 2014, pp. 392-393 (versão eletrônica).

AUTORIZAÇÃO DE SERVIÇOS PÚBLICOS DE TRANSPORTE COLETIVO

Em caso extremo passa-se, por uma transição pouco sensível, do "direito de ter a última palavra", que a autoridade exerce sobre o serviço público mesmo confiado a um particular, para o poder que ela conserva de simples controlo sobre certas actividades privadas.[39]

Consequência de tais ponderações será a adoção da concessão, da permissão ou da autorização como modalidade de delegação dos serviços a particulares.

O que se demonstrou nas linhas precedentes é que a decisão sobre a modalidade de outorga de serviços públicos não se encontra predeterminada pelo texto constitucional. Ao lado das obrigatórias formas contratuais (concessão e permissão), o direito positivo, por força da autonomia dos entes federados, permite a adoção de outras modalidades de outorga, notadamente as de natureza não contratual, que são formalizadas mediante ato administrativo próprio do ente público concedente.

Tais conclusões, além de serem, na opinião dos signatários, inevitáveis a partir de uma compreensão sistemática da Constituição, encontram amparo sólido na prática administrativa de Estados e Municípios e na jurisprudência de nossas Cortes Superiores.

O STF, no acórdão abaixo transcrito, já aceitou a possibilidade de emprego de autorização para outorga de serviços de saneamento básico por parte de Municípios. Nota à parte: como já ressaltado no item 3.3.2, acima, o art. 30, V, da CF determina que o Município é competente para prestar os serviços públicos de interesse local "mediante concessão ou permissão" – dispositivo que não foi considerado limitador da adoção de modelo jurídico diverso. É ver-se:

Ementa: Tributário – ICMS – Fornecimento de água tratada por concessionárias de serviço público – Não incidência – Ausência de fato gerador. 1. O fornecimento de água potável por empresas concessionárias desse serviço público não é tributável por meio do ICMS. 2. *As águas em estado natural são bens públicos e só podem ser exploradas por particulares mediante concessão, permissão ou* ***autorização***. 3. O fornecimento de água tratada à população por empresas concessionárias, permissionárias ou autorizadas não caracteriza uma operação de circulação de mercadoria. 4. Precedentes da Corte – Tema já analisado na liminar concedida na ADI n. 567, de relatoria do Min. Ilmar Galvão, e na ADI n. 2.224-5-DF, Relator o

---

39. Jean Rivero, *Direito Administrativo*, trad. de Rogério Ehrhardt Soares, Coimbra, Livraria Almedina, 1981, p. 497.

Min. Néri da Silveira. 5. Recurso extraordinário a que se nega provimento.[40] [*Grifos nossos*]

O exemplo talvez mais emblemático do quanto se vem de afirmar é a prática geral de Estados, Distrito Federal e Municípios, sob a égide da Constituição de 1967 (com a Emenda 1/1969), e mesmo antes dela, de empregar a figura da *permissão* para outorga dos serviços de transporte coletivo urbano e de transporte intermunicipal rodoviário de passageiros. Como já expusemos no item 2.3.1, nota de rodapé 16, *nenhum dos regimes constitucionais anteriores à Constituição de 1988 continha qualquer menção à permissão de serviços públicos e, no entanto, não se colocava por parte da comunidade jurídica qualquer estranheza ou dúvida quanto à plena constitucionalidade do seu emprego*.

É o que se extrai, por exemplo, da obra de Hely Lopes Meirelles, que, escrevendo no regime constitucional anterior ao atual, de forma intuitiva, e a partir da observação da realidade, se posicionava pela plena viabilidade da permissão de serviços de transporte.

Para Hely o que se entende hoje por autorização de serviço público era assimilado à figura da permissão, definida como

> ato unilateral, discricionário e precário, de caráter negocial, pelo qual se faculta ao particular a execução de serviços de interesse coletivo, ou o uso especial de bens públicos, a título gratuito ou oneroso, nas condições impostas pela Administração.[41]

Exatamente as definições atuais de autorização (v. subitem 2.3.1, acima). No mesmo estudo, Hely entende haver, no espectro possível das permissões, tanto aquelas constituídas nos estritos termos da definição dada, que ele denomina "permissão pura", quanto aquelas em que predomina um aspecto contratual, que ele denomina "permissão condicionada", a qual "assemelha-se à concessão".[42]

Em outro parecer Hely também adota a terminologia "permissão condicionada" para referir a outorga que, embora instituída por ato administrativo, tem caráter similar ao contratual (ou *semicontratual*), e adota expressamente, para contrastar com tal figura, o termo "autoriza-

---

40. STF, Tribunal Pleno, RE 607.056, rel. Min. Dias Toffoli, j. 10.4.2013, acórdão eletrônico, repercussão geral – mérito, *DJe*-091, divulg. 15.5.2013, public. 16.5.2013.

41. Hely Lopes Meirelles, "Transporte coletivo urbano – Permissão", in *Estudos e Pareceres de Direito Público*, vol. IX, São Paulo, Ed. RT, 1986, pp. 252-261 (p. 253).

42. Idem, p. 255.

ção". A "'*autorização*' para a prestação de serviço de utilidade pública (como o transporte coletivo de passageiros) é também ato administrativo discricionário e precário, mas sempre *incondicionado*, pois são de sua natureza a *mutabilidade* do modo de prestação e a sua *revogabilidade a qualquer tempo*, à vista das conveniências da Administração".[43]

Tal distinção, pode-se afirmar, veio amadurecendo no pensamento do autor, que em parecer anterior, publicado em 1971, adotava a distinção entre "permissão" e "autorização", para significar "permissão condicionada" e "permissão pura", nas acepções dadas nos parágrafos precedentes.[44]

A questão foi colocada em termos incontroversos pelo autor em parecer de 1974, publicado em 1981, no qual leciona:

> Como serviço público, ou, mais precisamente, de utilidade pública, o transporte coletivo tanto pode ser explorado diretamente pelo Município como, indiretamente, por delegação a particulares, através de uma das três modalidades clássicas, consagradas pela doutrina e pela jurisprudência e previstas no art. 44 do Código Nacional de Trânsito: *concessão*, *permissão* e *autorização*. A *concessão*, a *permissão* e a *autorização* são institutos afins, mas diversos na sua natureza jurídica e consequências administrativas: a primeira é *contratual* e *vinculante*; a segunda é *unilateral*, *precária* e *discricionária*, embora seja outorgada e mantida em consonância com as condições previamente estabelecidas pelo permitente; a terceira é também *unilateral*, *precária* e *discricionária*, mas independe de quaisquer condições prévias, ficando o autorizatário sujeito sempre às ordens *imediatas* do autorizante.[45]

Note-se que o autor, nos trabalhos acima, em nenhum momento questionou a constitucionalidade de tais modalidades de outorga, as quais à época, ainda como hoje, não contavam com previsão constitucional para sua adoção pelas Administrações Públicas de Estados e Municípios.[46] Para ele, assim como para nós, a validade da sua adoção

---

43. Hely Lopes Meirelles, "Transporte coletivo intermunicipal", in *Estudos e Pareceres de Direito Público*, vol. VIII, São Paulo, Ed. RT, 1984, pp. 141-152 (p. 145).

44. Hely Lopes Meirelles, "Concessão e permissão para transporte coletivo", in *Estudos e Pareceres de Direito Público*, vol. I, São Paulo, Ed. RT, 1971, pp. 37-53 (p. 45).

45. Hely Lopes Meirelles, "Transporte coletivo intermunicipal", in *Estudos e Pareceres de Direito Público*, vol. V, São Paulo, Ed. RT, 1981, pp. 114-127 (pp. 115-116).

46. O autor ainda publicou, sobre o tema: (i) no vol. II dos seus *Estudos e Pareceres de Direito Público* (São Paulo, Ed. RT, 1977), seis pareceres, todos intitulados "Transporte coletivo intermunicipal" (pp. 339-346, pp. 347-360, pp. 361-372, pp. 373-386, pp. 387-

era algo evidente em si, posto ser ínsita à própria ideia de titularidade dos serviços.

De igual forma, o STF, em sede de recurso extraordinário, relatado pelo Min. Aldir Passarinho, em que se discutia o deferimento de permissão de serviço público por parte de governo estadual, decidiu pelo desprovimento ao recurso *por não considerar tratar-se de matéria constitucional*. Rectius: ao rejeitar o extraordinário tendo por matéria de mérito a outorga de permissão de serviços públicos, a Suprema Corte entendeu que não havia sido "maltratado preceito constitucional". Veja-se:

> Recurso extraordinário – Serviços de transporte coletivo rodoviário intermunicipal de passageiros. Não há maltrato ao disposto no art. 167 da CF o ter a autoridade estadual competente dado autorização para funcionamento de empresas de transportes, em outras linhas, e em razão do quê se julga prejudicada a impetrante. E como, no caso, *somente na hipótese de haver o acórdão recorrido maltratado preceito constitucional*, em face do disposto no art. 325 do Regimento Interno do STF, na sua atual redação (Emenda Regimental n. 2/1985), para que possa caber o extraordinário, justifica-se o indeferimento de seu processamento – agravo regimental desprovido.[47] [*Grifos nossos*]

No mesmo sentido são os seguintes arrestos, também de nossa Suprema Corte:

> 1. Permissão para se explorar o negócio de transporte coletivo por meio de auto-ônibus. É um ato unilateral, precário, que, por isso, pode ser desfeito ou revogado. Não gera direito subjetivo para o permissionário, como sucede na concessão. 2. Recurso extraordinário pelo fundamento de violação a direito federal – Caso em que não se configura o requisito do prequestionamento – Verbetes ns. 282 e 356 da Súmula do STF. 3. Não sendo pelo menos razoável o fundamento pelo qual se argui a inconstitucionalidade, no caso, de ato de governo local contestado em face da Constituição, não se conhece do recurso extraordinário que se baseia no art. 119, III, "c", da Carta Politica (Súmula, verbete n. 285). 4. Divergência jurisprudencial arguida como fundamento do recurso extraordinário – Deve ser provada em

---

402 e pp. 403-418); (ii) no vol. IV dos seus *Estudos e Pareceres de Direito Público* (São Paulo, Ed. RT, 1981), dois pareceres, "Transporte coletivo intermunicipal" (pp. 180-195) e "Transporte coletivo intermunicipal – Regime de delegação" (pp. 196-206); e (iii) no vol. VII da mesma obra (São Paulo, Ed. RT, 1983), o parecer "Transporte coletivo intermunicipal" (pp. 153-168). Em todos eles manteve o mesmo posicionamento acima exposto.

47. STF, 2ª Turma, AgR no AI 115.795, rel. Min. Aldir Passarinho, j. 17.6.1988, *DJU* 16.9.1988, pp-23318 Ement. vol-01515-03 pp-00569.

termos analíticos – Súmula, verbete n. 291. 5. Recurso extraordinário não conhecido.[48] [*Grifos nossos*]

Poder de polícia – Apreensão de veículos coletivos – Indenização negada (CF, art. 15, II; Código Nacional do Trânsito, arts. 43, 94 e 95). 1. O art. 157, § 8º, da CF de 1967 (ou art. 163 da CF de 1969) rege a monopolização de indústrias e atividades privadas pela União em lei, mas não impede que Município organize sociedade mista sob seu controle acionário, a fim de que explore com exclusividade linhas municipais de transporte coletivo. 2. No exercício do poder de policia, na área de seu peculiar interesse (CF de 1969 art. 15, II), *o Município pode conceder ou permitir a exploração de linhas de transportes*, regular sua exploração, tipo de equipamento, horários e tarifas, observadas as normas do Código Nacional de Trânsito, que lhe dá poderes de apreender e remover veículos que transgridam as regras legais e regulamentares. 3. Não cabe indenização pelo ato lícito da Prefeitura apreendendo e removendo do trafego veículos que recalcitram em explorar linha, cuja permissão caiu em caducidade e foi conferida a empresa municipal de transportes.[49] [*Grifos nossos*]

Mandado de segurança – Transporte coletivo de passageiros – Linhas intermunicipais – *Permissão pelo Estado* – Alteração de itinerário local, com assentimentos das autoridades do Município – Legalidade, porém com correção de tarifa para obstar garantia constitucional e legal – Deferimento parcial. II – Recurso extraordinário não conhecido por falta de seus pressupostos.[50] [*Grifos nossos*]

O que se verifica, a partir da análise dos julgados acima colacionados, é que o STF historicamente soube reconhecer que as modalidades de outorga de serviços públicos se relacionam, de modo indissociável, com a própria autonomia dos entes federativos. Dito de outro modo: *ser titular de um serviço segundo a Constituição Federal implica a competência discricionária para, do modo mais amplo, decidir as características jurídicas, regulatórias e operacionais que melhor se amoldem ao interesse público subjacente à atuação de cada ente federativo.*

O STF, no RE 73.295-MG, de relatoria do Min. Oswaldo Trigueiro,[51] considerou constitucional a regulamentação de Município que

---

48. STF, 1ª Turma, RE 76.543, rel. Min. Antônio Neder, j. 9.6.1981, *DJU* 3.7.1981 pp-06647 Ement. vol-01219-02 pp-00349.

49. STF, 1ª Turma, RE 71.632, rel. Min. Aliomar Baleeiro, j. 15.6.1973, *DJU* 28.9.1973 pp-07213 Ement. vol-00923-01 pp-00314 *RTJ* vol-00067-03 pp-00742.

50. STF, 2ª Turma, RE 74.931, rel. Min. Thompson Flores, j. 18.5.1973, *DJU* 29.6.1973 pp-04735 Ement. vol-00915-04 pp-01232.

51. STF, 1ª Turma, RE 73.295-MG, rel. Min. Oswaldo Trigueiro, j. 18.4.1972, *DJU* 5.6.1972 pp-03536 Ement. vol-00876-01 pp-00445 *RTJ* vol-00062-01 pp-00197.

permitiu a prestação em regime de livre concorrência dos serviços funerários, serviços que, como se sabe, são pacificamente compreendidos como encartados nas competências municipais. Ou seja: reconheceu a Suprema Corte que a titularidade de um serviço público implica inclusive a possibilidade de o Estado franquear sua prestação a todo e qualquer interessado. É nesse sentido, falando especificamente do setor de transporte intermunicipal de passageiros, a compreensão de Vladimir da Rocha França, transcrita abaixo:

> Uma vez que os Estados Federados têm competência residual, as suas Constituições e leis podem perfeitamente tipificar os serviços de transporte intermunicipal de passageiros como serviços públicos estaduais. Na ausência de dispositivo constitucional ou legal, entende-se que se tratará de atividade econômica sujeita ao poder de polícia da Administração Estadual.
>
> Respeitada a legislação federal, compete ao Estado federado legislar sobre a organização e funcionamento dos serviços de transporte de passageiros por ônibus que se encontrem na sua esfera de atribuições constitucionais e legais.[52] [*Grifos não coincidentes com os originais*]

Destaque-se que, se se admite a solução mais drástica, que é desqualificar uma atividade como serviço público, com muito mais razão se deve admitir a adoção de modelos que, sem retirar dela o rótulo de serviço público, envolvam diferentes formas de regular o relacionamento entre o poder concedente e o particular, e, no caso específico da autorização, o relacionamento *competitivo* entre prestadores privados.

2.3.4 O regime jurídico dos serviços públicos autorizados

Referimos, na parte final do subtópico 2.3.3, acima, o equívoco cometido, a partir da leitura do art. 175 da CF, de considerar que fora das hipóteses contidas em tal dispositivo (concessão e permissão) ficaria interditada a adoção de outras modalidades de outorga para prestação de serviços públicos. Isto porque as atividades qualificadas como "serviço

---

52. Vladimir da Rocha França, "Os serviços de transporte de passageiros por ônibus e as inovações da Lei federal n. 11.445/2007", *Interesse Público/IP* 62, Ano 12, Belo Horizonte, julho-agosto/2010 (disponível em *http://www.bidforum.com.br/bid/PDI0006.aspx?pdiCntd=68827*, acesso em 1.10. 2015).

público" somente poderiam, por sua natureza, ser prestadas em regime de direito público, o que não ocorreria se de autorização se cuidasse. Trata-se, como dito, de um equívoco, porque a qualificação de uma atividade como serviço público não acarreta, por si só, a adoção do rígido regime de concessões e permissões. Nem, inversamente, a adoção do regime de autorização significará uma "despublicização" de serviços públicos prestados sob sua égide.

A locução "serviço público", na acepção que dela têm estes signatários, faz referência às atividades qualificadas pelo Direito (constituição e leis) como de *competência estatal* (nas esferas federal, estadual, distrital e municipal) e que concomitantemente sejam de *relevância social*, compreendida nesta expressão não apenas a importância intrínseca da atividade, mas também a necessidade de que um ente coletivo seja responsável pela sua prestação. Resultam desta definição, de um lado, um *critério formal* (a existência de norma jurídica que assinale ao Estado a competência, e logo o *dever*, de assegurar aos cidadãos sua prestação) e, de outro, um *critério material*, contido na própria natureza das atividades analisadas (importância social e necessidade de seu provimento por meio do Estado). Assim, uma atividade de inegável relevância coletiva, como, *v.g.*, a produção de alimentos, não poderá ser considerada um serviço público porque nem a Constituição nem as leis atribuem competência quer para sua produção, quer para sua distribuição, a qualquer das esferas de governo. Do mesmo modo, imaginando-se que o Estado qualificasse normativamente como serviço público a produção de alimentos, tal qualificação seria inválida, pelo fato de que a produção e o fornecimento de alimentos, apesar de relevantes socialmente, não demandam, em condições normais, a intervenção estatal (o setor privado já atende de forma eficiente a essa necessidade social).

A titularidade de serviços públicos corresponde às prerrogativas instrumentais necessárias à sua prestação. Ser titular de um serviço público significa ter o dever de disponibilizar o serviço à população e ser dotado dos meios jurídicos para promover sua realização. Traduz-se em deveres e prerrogativas de *organização*, *regulação* e *operação*, os quais podem ser exercidos pelo Estado diretamente, por seus órgãos ou pelas pessoas da Administração indireta, ou indiretamente, mediante o emprego de qualquer das modalidades de outorga admitidas juridicamente, com a cooperação de particulares. O fato de delegar a prestação a particulares, mediante, por exemplo, concessão, permissão ou autorização, não significa que a Administração Pública renuncie às prerrogativas e deveres inerentes à titularidade. Esta, como qualquer competência, é irrenunciável.[53]

Feitas estas considerações preambulares, importa questionar: o regime de autorização é suficiente para "descaracterizar" ou de alguma forma prejudicar a prestação dos serviços de titularidade de um ente federativo? Mais ainda: o fato de ser prestada mediante autorização retira de uma atividade o caráter de serviço público?

A resposta é, obviamente, negativa para ambas as questões.

Começando pela última, é um erro flagrante supor que o regime de prestação mediante autorização significará a "despublicização" de um serviço público. Aqueles que fazem afirmações nesse sentido argumentam que, em regime de autorização (caracterizado, *v.g.*, pelo livre acesso de prestadores e pela liberdade tarifária), garantias fundamentais do regime de direito público seriam perdidas, tais como a modicidade tarifária, deveres de universalização, continuidade etc.

Tal argumentação não é procedente, na medida em que ingressando, via autorização, na prestação de um serviço público, nada impede que o Poder Público estabeleça a obrigatoriedade de atendimento de uma série de condições e obrigações por parte do autorizatário. Pelo contrário, é dever do Poder Público estabelecer o regulamento dos serviços autorizados, provendo sobre as condições de sua prestação. É como pensa Egon Bockmann Moreira, em trecho que se transcreve, *in verbis*:

> Mais que isso: o acesso a tal mercado [*via autorização*] poderá (*rectius*: "deverá") ser instruído com uma cesta de prestações a serem cumpridas pelo futuro autorizado (compartilhamento de infraestrutura, regime especial de controle, serviço universal, encargos de serviço público, encargos ambientais etc.) *O sujeito privado sabe de antemão que, caso deferida a autorização por ele requerida, deverá se submeter à lista de encargos predefinida no regime estatutário do serviço – e, assim, será supervisionado pela autoridade competente.*[54] [*Grifos não coincidentes com os originais*]

Ainda sobre a influência do regime de prestação, deve-se destacar que mesmo a questão da modicidade tarifária pode ser mais bem atingida

---

53. A Lei Nacional de Processo Administrativo (Lei federal 9.784, de 29.1.1999) determina, em seu art. 11: "A competência é irrenunciável e se exerce pelos órgãos administrativos a que foi atribuída como própria, salvo os casos de delegação e avocação legalmente admitidos".

54. Egon Bockmann Moreira, *Direito das Concessões de Serviço Público. Inteligência da Lei 8.987/1995 (Parte Geral)*, São Paulo, Malheiros Editores, 2010, p. 68.

em um regime que permita que múltiplos operadores possam competir entre si do que no regime tradicional de concessão. Aliás, foi reconhecendo esse fato que o Poder Público, no setor de aviação civil, delegado, como se sabe, mediante concessão, introduziu o regime de liberdade tarifária, estimulando a competição entre as concessionárias prestadoras, produzindo benefícios sensíveis à modicidade tarifária e à melhoria da qualidade dos serviços.

Com isso, pretende-se demonstrar que o regime de autorização, longe de ser uma "fuga do direito administrativo", representa novo gênero de prestação – com defeitos, é verdade, mas também com virtuosidades que podem ser aproveitadas em prol do interesse público. É nesse sentido que leciona Egon Bockmann Moreira, em trecho que vale a transcrição:

> A rigor, a autorização tornou-se um *tertium genus*: não é o regime próprio dos tradicionais serviços públicos, nem tampouco do extrato comum a todas as atividades econômicas privadas. (...).
>
> (...).
>
> Neste ponto surge uma pergunta relevante: afinal, por que autorizar alguns serviços públicos sob este regime? Seria somente para fugir aos rigores da licitação e da Lei Geral de Concessões? Não há sinal de que a resposta seja tão singela – *so much trouble for nothing*. A racionalidade aqui é outra, estampada em ordem de motivos assim sintetizada: *submeter a prestação de específicos serviços ao regime de direito privado administrativo combinado com exigências típicas de um mercado competitivo. Isso significa que os agentes econômicos se submetem a* **requisitos para a entrada** *e a* **muita regulamentação intrusiva** *combinada com* **deveres legais** *e* **obrigações contratuais**. *Mas não imperam sozinhos em mercados monopolistas, pois entram em setores públicos onde já há quando menos um operador* (desfazendo o eventual monopólio histórico).
>
> Além disso, as autorizações tendem a impor a determinados serviços públicos *a dinamicidade tecnológica que incrementa os ganhos de escala em alguns setores econômicos*. Logo, aqueles que lá estão sabem que novas exigências virão, não mais oriundas apenas da competição licitatória *ex ante* seguida da estabilidade subjetiva do prestador. **As** *futuras autorizações visam a subverter a estabilidade dos concessionários, que tenderiam a ficar numa situação de conforto por décadas*. Estabilidade, essa, que tende a gerar abusos, assimetrias e instabilidade. Na medida em que a qualquer instante pode haver concorrentes, o concessionário histórico terá constantes exigências. *Já, o ingressante se submeterá a quando menos duas*

> *ordens de regras:* **aquelas do poder autorizatário e as do respectivo mercado.** Desta forma confere-se ritmo mais apurado a tais setores de interesse público, sem se curvar às estruturas monopolísticas e sem permitir que haja a redução de um serviço tido constitucionalmente como público às vicissitudes dos mercados. *Não se ingressa na cilada do regime público monopolístico, nem na dos mercados não regulados.* ***Autorizar por meio de atos administrativos negociais é menos que conceder e permitir, mas é muito mais do que só regular e muitíssimo mais que liberalizar.***
>
> A autorização para a exploração de certos serviços sob o regime de direito privado administrativo será vinculada ou discricionária (respeitante dos princípios da isonomia e razoabilidade), como leciona Almiro do Couto e Silva. A depender do caso concreto, ou terá a natureza de *ato administrativo contratual* ou de *contrato administrativo de adesão*. Porém – e reitere-se –, nas duas alternativas este ato/contrato autorizará o exercício da atividade em regime de direito privado administrativo em sua execução, no relacionamento do autorizado com a Administração autorizadora, com os concorrentes na prestação do serviço e os respectivos usuários.[55] [*Grifos não coincidentes com os do original*]

Muito menos se diga que a atividade fica despida da condição de serviço público em caso de prestação por meio de autorização. Concorda-se inteiramente, neste aspecto, com Eros Roberto Grau, que, retificando sua posição sobre o assunto, leciona que o regime de prestação não afeta a natureza de serviço público de uma atividade, pois *"o raciocínio assim desenrolado era evidentemente errôneo, visto ter partido de premissa equivocada, qual seja, a de que a mesma atividade caracteriza ou deixa de caracterizar serviço público conforme esteja sendo empreendida pelo Estado ou pelo setor privado.* ***Isso, como se vê, é inteiramente insustentável***"[56] (grifos nossos).

E prossegue o ex-Ministro do STF e Professor Titular Aposentado da Faculdade de Direito da USP:

> Assim, o que torna os chamados *serviços públicos não privativos* distintos dos *privativos* é a circunstância de os primeiros poderem ser prestados pelo setor privado independentemente de concessão, permissão ou autorização, *ao passo que os últimos apenas poderão ser prestados pelo setor privado sob um desses regimes.*

---

55. Idem, pp. 68-70.
56. Eros Roberto Grau, *A Ordem Econômica na Constituição de 1988*, 19ª ed., São Paulo, Malheiros Editores, 2018, p. 118.

Há, portanto, serviço público mesmo nas hipóteses de prestação dos serviços de educação e saúde pelo setor privado. Por isso mesmo que os arts. 209 e 199 declaram expressamente serem livres à iniciativa privada a assistência à saúde e o ensino – não se tratassem, saúde e ensino, de serviço público razão não haveria para as afirmações dos preceitos constitucionais.

Não importa quem preste tais serviços – União, Estados-membros, Municípios ou particulares; em qualquer hipótese haverá serviço público.[57]

À luz do quanto exposto, quando se decide pela prestação de um serviço público mediante autorização a Administração Pública não se despe das prerrogativas de poder concedente, nem, muito menos, descaracteriza a natureza da própria atividade autorizada, que permanece um serviço público. Delegar a prestação de um serviço público, mediante autorização, não significa uma "fuga do direito administrativo", pois continuará o serviço submetido a um regime publicístico. A maior flexibilidade do modelo de autorização, em comparação com seus congêneres concessão e permissão, nunca significará a renúncia das competências próprias da titularidade. Por isso é que se afirma que, do ponto de vista da natureza da atividade, é indiferente a modalidade de outorga. Esta se encontra em plano diverso, das relações entre o poder concedente e o delegatário, e entre este último e seus concorrentes, quando houver. O dever do poder concedente de fornecer o serviço aos usuários, nota característica da noção de serviço público que guia este trabalho, permanece intacto, e o grande desafio da Administração Pública na regulamentação de regimes alternativos de delegação (dos quais a autorização é apenas uma das possibilidades) está em conceber modelos aptos à prestação de um serviço adequado. Descabe, portanto, ao analista prejulgar modelos, concluindo, sem mesmo analisar os marcos regulatórios concretos e as experiências decorrentes de sua aplicação, que são incapazes de servir à consecução do interesse público subjacente a tais atividades.

2.3.5 *O dever de licitar e as autorizações*

A regra geral para as contratações e para o acesso a vantagens públicas é a realização de licitação. Tal obrigação decorre do mandamento explícito contido no art. 37, XXI, da CF, *in verbis*:

57. Idem, ibidem.

Art. 37. (...); XXI – *ressalvados os casos especificados na legislação*, as obras, serviços, compras e alienações serão contratados *mediante processo de licitação pública que assegure igualdade de condições a todos os concorrentes*, com cláusulas que estabeleçam obrigações de pagamento, mantidas as condições efetivas da proposta, nos termos da lei, o qual somente permitirá as exigências de qualificação técnica e econômica indispensáveis à garantia do cumprimento das obrigações; (...). [*Grifos nossos*]

O valor a ser concretizado pela licitação é o *princípio da igualdade*. Se há algum benefício estatal a ser ofertado (um contrato de concessão que garante o monopólio da prestação de um serviço público, por exemplo), deve-se promover a ampla competição de interessados para que dentre eles, em igualdade de condições, resulte um vencedor.

Considerando que o regime de autorização pressupõe o amplo acesso de todos os interessados, que satisfaçam às condições subjetivas e objetivas fixadas pela Administração Pública, à execução da atividade autorizada, então, verifica-se que a competição prévia (licitação) fica esvaziada, a uma porque não haverá propriamente nenhum benefício estatal em jogo (um contrato de concessão que garante a exploração monopolística de uma atividade, para nos determos no exemplo acima), a duas porque a própria competição antecipada será impossível, já que a disputa verdadeira ocorrerá entre os prestadores, *após a outorga da autorização*.

Assim é que dois fatores devem se colocar para que a licitação, no caso das autorizações, seja inexigível ou dispensável: (i) a fixação de requisitos objetivos para o deferimento da autorização, de modo a tornar o ato administrativo negocial de deferimento um *ato vinculado*; e (ii) a instituição, mesmo após um período de transição, de um ambiente de competição entre prestadores. É nesse sentido a lição autorizada de Almiro do Couto e Silva:

Na delegação de serviços públicos, a exigência de prévia licitação para a concessão e a permissão satisfaz ao princípio isonômico. Mas o mesmo não se poderá dizer, pelo menos em muitas hipóteses, relativamente à autorização, concebida como ato de exercício de competência discricionária. *O ato administrativo de delegação de serviço público, como ato vinculado, afasta a dificuldade, conformando-o com a regra constitucional da igualdade.*[58] [*Grifos nossos*]

---

58. Almiro do Couto e Silva, "Privatização no Brasil e o novo exercício de funções públicas por particulares. Serviço público 'à brasileira'?", cit., *RDA* 230/70.

AUTORIZAÇÃO DE SERVIÇOS PÚBLICOS DE TRANSPORTE COLETIVO 73

É claro que a Administração Pública tem o dever de limitar, em caso de concorrência ruinosa, o acesso de novos interessados,[59] como prevê a legislação federal aplicável ao regime de autorizações para o serviço de transporte rodoviário interestadual.[60] De todo modo, desde que esta barreira aos entrantes não converta os atuais autorizatários em verdadeiros monopolistas, sua imposição não ferirá o princípio da igualdade.

De se notar que, mais recentemente, o Poder Judiciário, analisando o regime federal de outorgas de autorização para serviços públicos de transporte rodoviário interestadual e internacional de passageiros, regido pela Lei federal 10.233/2001, pronunciou-se pela constitucionalidade e legalidade da dispensa de licitação nele instituída. É ver-se:

> A opção do Poder Público pela autorização modifica totalmente o quadro do transporte interestadual de passageiros, visto que, a partir da alteração legislativa, esse serviço público *não mais se enquadra na necessidade de licitação*. De fato, o art. 37, XXI, da Constituição, acima transcrito, prevê como ressalva à licitação os "casos especificados na legislação". A hipótese de que trata os autos passou a se enquadrar na *ressalva constitucional*, por estar estabelecido em lei que o transporte coletivo interestadual de passageiros deve ser outorgado *mediante autorização, independentemente de licitação*. Assim, rejeito a alegação de inconstitucionalidade do art. 14, III, "j", da Lei n. 10.233/2001, com a redação dada pelo art. 3º da Lei n. 12.996/2014.[61]

Diante do exposto, conclui-se, sem maiores dificuldades, pela constitucionalidade da instituição de um regime de outorgas de autorização que dispense a realização de licitação, posto que este procedimento competitivo não se amolda à *ampla competitividade* e *multiplicidade* de prestadores, fatores inerentes ao ambiente de prestação de serviços públicos mediante autorização.

---

59. Themístocles Brandão Cavalcanti encarece este aspecto, ao pontuar: "Nem sempre tais licenças [*autorizações*] são concedidas a uma só pessoa; é da sua essência, mesmo, a possibilidade de serem dadas a diversas pessoas, *a menos que haja impossibilidade material*" (*Tratado de Direito Administrativo*, 3ª ed., vol. III, São Paulo, Freitas Bastos, 1956, p. 346).

60. O art. 47-B da Lei federal 10.233/2001 (transportes interestaduais e internacionais) determina que o número de autorizações será ilimitado, exceto em caso de "inviabilidade operacional", em que a ANTT poderá promover um procedimento licitatório para seleção de interessados.

61. TRF-1ª Região, AI 0015250-83.2015.4.01.0000/DF, rel. Des. Daniel Paes Ribeiro, decisão monocrática proferida em 12.6.2015.

2.4 "Respondeo"

Diante do que se vem de expor, importa consignar algumas considerações, que servirão de remate ao presente estudo.

A primeira, de ordem geral, é a que sustenta que a escolha da modalidade de outorga de serviços públicos não se resume ou restringe, por definição, às modalidades indicadas no texto constitucional.

A segunda, de que a titularidade dos serviços públicos implica, conaturalmente, a competência não apenas de escolher a modalidade de outorga, mas também de definir a própria qualificação da atividade jurídica da atividade, tornando-a aberta, se assim o entender o Poder Público, a um regime de livre concorrência (hipótese que compreende, *mutatis mutandis*, o regime de autorização).

A terceira – e com exemplos abundantes no que tange ao serviço de transporte de passageiros –, de que a outorga mediante ato administrativo (*permissão*, no regime anterior ao da atual Constituição, e *autorização*, no período pós-1988) é uma manifestação intrínseca à ideia de titularidade, não podendo ser tolhida sem que, com isso, se vulnere a titularidade ela própria.

O verdadeiro "fetichismo constitucional", que pretende interpretar a Constituição Federal com o objetivo único de a de acomodar ao entendimento de uma parcela – progressivamente diminuta e menos influente – da doutrina e, mais ainda, desprezando solenemente a autonomia das pessoas políticas, base do sistema federativo brasileiro, não é nem nunca foi prevalecente entre nós.

Em síntese do quanto exposto, o regime de autorizações não ofende qualquer disposição da Constituição Federal, sendo, pelo contrário, sua adoção por Estados-membros (o mesmo ocorrendo quanto ao Distrito Federal e aos Municípios) manifestação direta e inequívoca da força e prevalência da estrutura federativa do Estado Brasileiro, podendo ser adotado tanto nos serviços públicos de transporte de passageiros quanto nos demais serviços de sua titularidade, a depender da viabilidade técnica, econômica e operacional.

Bibliografia

ALESSI, Renato. "Sul concetto di 'causa' nel negozio giuridico". *Temi Emiliana* 11 e 12 (rivista mensale di giurisprudenza dell'Emilia e della Romagna). Milão, 1933.

ALMEIDA, Fernanda Dias Menezes de, e RAMOS, Elival da Silva. "Auto-organização dos Estados federados". In: Coleção *Doutrinas Essenciais – Direito Constitucional*. vol. 3. São Paulo, Ed. RT, 2011 (pp. 447-460).

ÁVILA, Marta Marques. "A Federação Brasileira, a entidade municipal e a repartição de competências: aspectos controversos". *Interesse Público/IP* 75/187-197. Ano 14. Belo Horizonte, Fórum, setembro-outubro/2012.

BANDEIRA DE MELLO, Celso Antônio. *Serviço Público e Concessão de Serviço Público*. São Paulo, Malheiros Editores, 2017.

BANDEIRA DE MELLO, Oswaldo Aranha. *Natureza Jurídica do Estado Federal*. São Paulo, Prefeitura de São Paulo, 1948.

_____. *Princípios Gerais de Direito Administrativo*. 3ª ed., 2ª tir., vol. I. São Paulo, Malheiros Editores, 2010.

BULLOS, Uadi Lammêgo. *Curso de Direito Constitucional*. 8ª ed. São Paulo, Saraiva, 2014.

CÂMARA, Jacintho Arruda. "As autorizações da Lei Geral de Telecomunicações e a teoria geral do direito administrativo". *Revista de Direito de Informática e Telecomunicações/RDIT* 3/55-68. Ano 2. Belo Horizonte, julho-dezembro/2007 (disponível em *http://www.bidforum.com.br/bid/PDI0006.aspx?pdiCntd=49841*, acesso em 1.10.2015).

CAVALCANTI, Thais Novaes. "O princípio da subsidiariedade e a dignidade da pessoa: bases para um novo federalismo". *Revista de Direito Constitucional e Internacional* 67. 2009.

CAVALCANTI, Themístocles. *Tratado de Direito Administrativo*. 3ª ed., vol. III. São Paulo, Freitas Bastos, 1956.

COVIELLO, Nicola. *Manuale di Diritto Civile*. 4ª ed. Milão, Società Editrice Libraria, 1929.

CRETELLA JR., José. *Manual de Direito Administrativo*. 3ª ed. Rio de Janeiro, Forense, 1971.

DALLARI, Dalmo Abreu. *O Estado Federal*. São Paulo, Ática, 1986.

DI PIETRO, Maria Sylvia Zanella. *Direito Administrativo*. Rio de Janeiro, Forense, 2016.

ENTERRÍA, Eduardo García de, e FERNÁNDEZ, Tomás-Ramón. *Curso de Direito Administrativo*. Trad. de Arnaldo Setti. São Paulo, Ed. RT, 1991.

EVANS, Richard J. *O Terceiro Reich: no Poder*. Trad. de Lúcia Brito. São Paulo, Planeta do Brasil, 2011.

FERNÁNDEZ, Tomás-Ramón, e ENTERRÍA, Eduardo García de. *Curso de Direito Administrativo*. Trad. de Arnaldo Setti. São Paulo, Ed. RT, 1991.

FERRAZ, Sergio (coord.). *Direito e Liberdade: Conservadorismo, Progressismo e o Estado de Direito*. São Paulo, Editora do IASP, 2017.

FERRAZ JR., Tércio Sampaio. *Introdução ao Estudo do Direito. Técnica, Decisão, Dominação*. 4ª ed. São Paulo, Atlas, 2003.

FLEINER, Fritz. *Les Principes Généraux de Droit Administratif Allemand*. Trad. de Charles Eisenmann. Paris, Librairie Delagrave, 1932.

FRAENKEL, Ernst. *The Dual State: Law and Justice in National Socialism*. Nova York, Oxford University Press, 1941.

FRANÇA, Vladimir da Rocha. "Os serviços de transporte de passageiros por ônibus e as inovações da Lei federal n. 11.445/2007". *Interesse Público/IP* 62. Ano 12. Belo Horizonte, julho-agosto/2010 (disponível em *http://www.bidforum.com.br/bid/PDI0006.aspx?pdiCntd=68827*, acesso em 1.10.2015).

FREIRE, André Luiz. *O Regime de Direito Público na Prestação de Serviços por Pessoas Privadas*. Tese de Doutorado. São Paulo, PUC/SP, 2013.

GARCIA, Maria (org.). *Curso de Direito Constitucional*. 2ª ed. São Paulo, Conceito, 2011.

GRAU, Eros Roberto. *A Ordem Econômica na Constituição de 1988*. 19ª ed. São Paulo, Malheiros Editores, 2018.

GROTTI, Dinorá Adelaide Mussetti. "A Federação Brasileira como forma de descentralização do poder". *Revista de Direito Constitucional e Internacional* 18/130. Janeiro/1997.

MEIRELLES, Hely Lopes. "Concessão e permissão para transporte coletivo". In: *Estudos e Pareceres de Direito Público*. vol. I. São Paulo, Ed. RT, 1971 (pp. 37-53).

_____. *Estudos e Pareceres de Direito Público*. vol. I. São Paulo, Ed. RT, 1971; vol. II. São Paulo, Ed. RT, 1977; vol. IV. São Paulo, Ed. RT, 1981; vol. V. São Paulo, Ed. RT, 1981; vol. VII. São Paulo, Ed. RT, 1983; vol. VIII. São Paulo, Ed. RT, 1984.

_____. "Transporte coletivo intermunicipal". In: *Estudos e Pareceres de Direito Público*. vol. II. São Paulo, Ed. RT, 1977 (pp. 339-346, pp. 347-360, pp. 361-372, pp. 373-386, pp. 387-402 e pp. 403-418); vol. IV. São Paulo,

Ed. RT, 1981 (pp. 180-195); vol. V. São Paulo, Ed. RT, 1981 (pp. 114-127); vol. VII. São Paulo, Ed. RT, 1983 (pp. 153-168); vol. VIII. São Paulo, Ed. RT, 1984 (pp. 141-152).

_____. "Transporte coletivo intermunicipal – Regime de delegação". In: *Estudos e Pareceres de Direito Público*. vol. IV. São Paulo, Ed. RT, 1981 (pp. 196-206).

_____. "Transporte coletivo urbano – Permissão". In: *Estudos e Pareceres de Direito Público*. vol. IX. São Paulo, Ed. RT, 1986 (pp. 252-261).

_____. *Direito Administrativo Brasileiro*. 43ª ed., atualizada por José Emmanuel Burle Filho e Carla Rosado Burle. São Paulo, Malheiros Editores, 2018.

MEIRELLES TEIXEIRA, José Horácio. In: GARCIA, Maria (org.). *Curso de Direito Constitucional*. 2ª ed. São Paulo, Conceito, 2011.

MOREIRA, Egon Bockmann. *Direito das Concessões de Serviço Público. Inteligência da Lei 8.987/1995 (Parte Geral)*. São Paulo, Malheiros Editores, 2010.

MOREIRA NETO, Diogo de Figueiredo. *Curso de Direito Administrativo*. 16ª ed. Rio de Janeiro, GEN/Forense, 2014.

POMPEU, Cid Tomanik. *Autorização Administrativa. De Acordo com a Constituição Federal de 1988*. São Paulo, Ed. RT, 1992.

PONTES DE MIRANDA, Francisco Cavalcanti. *Comentários à Constituição de 1967 com a Emenda n. 1 de 1969*. 2ª ed., t. I. São Paulo, Ed. RT, 1973.

RAMOS, Elival da Silva, e ALMEIDA, Fernanda Dias Menezes de. "Auto-organização dos Estados federados". In: Coleção *Doutrinas Essenciais – Direito Constitucional*. vol. 3. São Paulo, Ed. RT, 2011 (pp. 447-460).

REALE, Miguel. "Natureza jurídica da permissão e da autorização". In: *Direito Administrativo*. Rio de Janeiro, Forense, 1969.

RIVERO, Jean. *Direito Administrativo*. Trad. de Rogério Ehrhardt Soares. Coimbra, Livraria Almedina, 1981.

RUGGIERO, Roberto de. *Instituições de Direito Civil*. Lisboa, Clássica Editora, 1935.

SAAD, Amauri Feres. "Liberdade das formas nas contratações públicas". In: FERRAZ, Sergio (coord.). *Direito e Liberdade: Conservadorismo, Progressismo e o Estado de Direito*. São Paulo, Editora do IASP, 2017.

SILVA, Almiro do Couto e. "Privatização no Brasil e o novo exercício de funções públicas por particulares. Serviço público 'à brasileira'?". *RDA* 230/45-74. Outubro-dezembro/2002.

SILVA, José Afonso da. *Curso de Direito Constitucional Positivo*. 41ª ed. São Paulo, Malheiros Editores, 2018.

STASSINOPOULOS, Michel. *Traité des Actes Administratifs*. Atenas, L'Institut Français d'Athènes, 1954.

TÁCITO, Caio. "Autorização administrativa". In: *Temas de Direito Público*. vol. 1. Rio de Janeiro, Renovar, 1997.

VEDEL, Georges. *Essai sur la Notion de Cause en Droit Administratif Français*. Paris, Librairie du Recueil Sirey, 1934.

* * *

GRÁFICA PAYM
Tel. [11] 4392-3344
paym@graficapaym.com.br